MW01172490

Welcome to your success journey. You have taken the right step by getting this planner. Planning is an essential element of any success journey. I created this planner and gratitude journal as a companion to my book "Empowered Woman". In my book, I discussed the five principles for living your best life and fulfilling your potential. The most important of the five principles is "Acting and Following Through".

This planner will help you document your goals for the year and set up a plan upfront. At the beginning of the year, break down your goals into a stepwise plan. Each step of your plan can become your goal for each month of the year. Taking stepwise, daily, consistent actions toward your goal is the most important key to any success journey.

In addition to planning, document any inspirations, affirmation, and/or what you are grateful for. This will continue to inspire you, keep you optimistic, and help you create an attitude of gratitude on your life journey. Acting and following through with your goals, while maintaining an attitude of gratitude will fill your soul with joy every day and lead you to your best life.

"If you fail to plan, you are planning to fail".

– Benjamin Franklin

YOUR TOP GOALS FOR THE YEAR

YOU CAN CATEGORIZE YOUR GOALS AS PROFESSIONAL/BUSINESS, PERSONAL, OR FINANCIA

PROFESSIONAL GOALS

- ○ ....
- ○ ....
- ○ ....
- ○ ....
- ○ ....
- ○ ....
- ○ ....
- ○ ....
- ○ ....
- ○ ....
- ○ ....

BUSINESS GOALS

- ○ ....
- ○ ....
- ○ ....
- ○ ....
- ○ ....
- ○ ....
- ○ ....
- ○ ....
- ○ ....
- ○ ....
- ○ ....

PERSONAL GOALS

- ○ ....
- ○ ....
- ○ ....
- ○ ....
- ○ ....
- ○ ....
- ○ ....
- ○ ....
- ○ ....
- ○ ....
- ○ ....

FINANCIAL GOALS

- ○ ....
- ○ ....
- ○ ....
- ○ ....
- ○ ....
- ○ ....
- ○ ....
- ○ ....
- ○ ....
- ○ ....
- ○ ....

YOUR ACTION STEPS

WHAT ARE THE MAIN STEPS YOU NEED TO TAKE EACH MONTH TO
MAKE YOUR GOALS HAPPEN

MONTH	WHAT ARE THE MAIN STEPS
JANUARY	
FEBRUARY	
MARCH	
APRIL	
MAY	
JUNE	
JULY	
AUGUST	
SEPTEMBER	
OCTOBER	
NOVEMBER	
DECEMBER	

2023
JANUARY

SUNDAY	MONDAY	TUESDAY	WEDNSDAY	THURSDAY	FRIDAY	SATURDAY
01	02	03	04	05	06	07
08	09	10	11	12	13	14
15	16	17	18	19	20	21
22	23	24	25	26	27	28
29	30	31				

Main Goals for January 2023

PROFESSIONAL/BUSINESS

1
2
3
4
5
6
7

PERSONAL

1
2
3
4
5
6
7

FINANCIAL

1
2
3
4
5
6
7

January 1   Sunday

SIX MOST IMPORTANT PROFESSIONAL/BUSINESS LIST

1
2
3
4
5
6

SIX MOST IMPORTANT PERSONAL LIST

1
2
3
4
5
6

DOCUMENT ANY INSPIRATION/AFFIRMATIONS/GRATITUDE FOR THE DAY

January 2   Monday

SIX MOST IMPORTANT PROFESSIONAL/BUSINESS LIST

1
2
3
4
5
6

SIX MOST IMPORTANT PERSONAL LIST

1
2
3
4
5
6

DOCUMENT ANY INSPIRATION/AFFIRMATIONS/GRATITUDE FOR THE DAY

January 3   Tuesday

SIX MOST IMPORTANT PROFESSIONAL/BUSINESS LIST

1
2
3
4
5
6

SIX MOST IMPORTANT PERSONAL LIST

1
2
3
4
5
6

DOCUMENT ANY INSPIRATION/AFFIRMATIONS/GRATITUDE FOR THE DAY

January 4   Wednesday

SIX MOST IMPORTANT PROFESSIONAL/BUSINESS LIST

1
2
3
4
5
6

SIX MOST IMPORTANT PERSONAL LIST

1
2
3
4
5
6

DOCUMENT ANY INSPIRATION/AFFIRMATIONS/GRATITUDE FOR THE DAY

January 5   Thursday

SIX MOST IMPORTANT PROFESSIONAL/BUSINESS LIST

1
2
3
4
5
6

SIX MOST IMPORTANT PERSONAL LIST

1
2
3
4
5
6

DOCUMENT ANY INSPIRATION/AFFIRMATIONS/GRATITUDE FOR THE DAY

January 6   Friday

SIX MOST IMPORTANT PROFESSIONAL/BUSINESS LIST

1
2
3
4
5
6

SIX MOST IMPORTANT PERSONAL LIST

1
2
3
4
5
6

DOCUMENT ANY INSPIRATION/AFFIRMATIONS/GRATITUDE FOR THE DAY

January 7 Saturday

SIX MOST IMPORTANT PROFESSIONAL/BUSINESS LIST

1
2
3
4
5
6

SIX MOST IMPORTANT PERSONAL LIST

1
2
3
4
5
6

DOCUMENT ANY INSPIRATION/AFFIRMATIONS/GRATITUDE FOR THE DAY

January 8   Sunday

SIX MOST IMPORTANT PROFESSIONAL/BUSINESS LIST

1
2
3
4
5
6

SIX MOST IMPORTANT PERSONAL LIST

1
2
3
4
5
6

DOCUMENT ANY INSPIRATION/AFFIRMATIONS/GRATITUDE FOR THE DAY

January 9   Monday

SIX MOST IMPORTANT PROFESSIONAL/BUSINESS LIST

1
2
3
4
5
6

SIX MOST IMPORTANT PERSONAL LIST

1
2
3
4
5
6

DOCUMENT ANY INSPIRATION/AFFIRMATIONS/GRATITUDE FOR THE DAY

January 10 Tuesday

SIX MOST IMPORTANT PROFESSIONAL/BUSINESS LIST

1
2
3
4
5
6

SIX MOST IMPORTANT PERSONAL LIST

1
2
3
4
5
6

DOCUMENT ANY INSPIRATION/AFFIRMATIONS/GRATITUDE FOR THE DAY

January 11   Wednesday

SIX MOST IMPORTANT PROFESSIONAL/BUSINESS LIST

1
2
3
4
5
6

SIX MOST IMPORTANT PERSONAL LIST

1
2
3
4
5
6

DOCUMENT ANY INSPIRATION/AFFIRMATIONS/GRATITUDE FOR THE DAY

January 12   Thursday

SIX MOST IMPORTANT PROFESSIONAL/BUSINESS LIST

1
2
3
4
5
6

SIX MOST IMPORTANT PERSONAL LIST

1
2
3
4
5
6

DOCUMENT ANY INSPIRATION/AFFIRMATIONS/GRATITUDE FOR THE DAY

January 13 Friday

SIX MOST IMPORTANT PROFESSIONAL/BUSINESS LIST

1
2
3
4
5
6

SIX MOST IMPORTANT PERSONAL LIST

1
2
3
4
5
6

DOCUMENT ANY INSPIRATION/AFFIRMATIONS/GRATITUDE FOR THE DAY

January 14 Saturday

SIX MOST IMPORTANT PROFESSIONAL/BUSINESS LIST

1
2
3
4
5
6

SIX MOST IMPORTANT PERSONAL LIST

1
2
3
4
5
6

DOCUMENT ANY INSPIRATION/AFFIRMATIONS/GRATITUDE FOR THE DAY

January 15 Sunday

SIX MOST IMPORTANT PROFESSIONAL/BUSINESS LIST

1
2
3
4
5
6

SIX MOST IMPORTANT PERSONAL LIST

1
2
3
4
5
6

DOCUMENT ANY INSPIRATION/AFFIRMATIONS/GRATITUDE FOR THE DAY

January 16 Monday

SIX MOST IMPORTANT PROFESSIONAL/BUSINESS LIST

1
2
3
4
5
6

SIX MOST IMPORTANT PERSONAL LIST

1
2
3
4
5
6

DOCUMENT ANY INSPIRATION/AFFIRMATIONS/GRATITUDE FOR THE DAY

January 17 Tuesday

SIX MOST IMPORTANT PROFESSIONAL/BUSINESS LIST

1
2
3
4
5
6

SIX MOST IMPORTANT PERSONAL LIST

1
2
3
4
5
6

DOCUMENT ANY INSPIRATION/AFFIRMATIONS/GRATITUDE FOR THE DAY

January 18 Wednesday

1
2
3
4
5
6

SIX MOST IMPORTANT PERSONAL LIST

1
2
3
4
5
6

DOCUMENT ANY INSPIRATION/AFFIRMATIONS/GRATITUDE FOR THE DAY

January 19 Thursday

SIX MOST IMPORTANT PROFESSIONAL/BUSINESS LIST

1
2
3
4
5
6

SIX MOST IMPORTANT PERSONAL LIST

1
2
3
4
5
6

DOCUMENT ANY INSPIRATION/AFFIRMATIONS/GRATITUDE FOR THE DAY

January 20 Friday

SIX MOST IMPORTANT PROFESSIONAL/BUSINESS LIST

1
2
3
4
5
6

SIX MOST IMPORTANT PERSONAL LIST

1
2
3
4
5
6

DOCUMENT ANY INSPIRATION/AFFIRMATIONS/GRATITUDE FOR THE DAY

January 21 Saturday

SIX MOST IMPORTANT PROFESSIONAL/BUSINESS LIST

1
2
3
4
5
6

SIX MOST IMPORTANT PERSONAL LIST

1
2
3
4
5
6

DOCUMENT ANY INSPIRATION/AFFIRMATIONS/GRATITUDE FOR THE DAY

January 22 Sunday

SIX MOST IMPORTANT PROFESSIONAL/BUSINESS LIST

1
2
3
4
5
6

SIX MOST IMPORTANT PERSONAL LIST

1
2
3
4
5
6

DOCUMENT ANY INSPIRATION/AFFIRMATIONS/GRATITUDE FOR THE DAY

January 23 Monday

SIX MOST IMPORTANT PROFESSIONAL/BUSINESS LIST

1
2
3
4
5
6

SIX MOST IMPORTANT PERSONAL LIST

1
2
3
4
5
6

DOCUMENT ANY INSPIRATION/AFFIRMATIONS/GRATITUDE FOR THE DAY

January 24 Tuesday

SIX MOST IMPORTANT PROFESSIONAL/BUSINESS LIST

1
2
3
4
5
6

SIX MOST IMPORTANT PERSONAL LIST

1
2
3
4
5
6

DOCUMENT ANY INSPIRATION/AFFIRMATIONS/GRATITUDE FOR THE DAY

January 25 Wednesday

SIX MOST IMPORTANT PROFESSIONAL/BUSINESS LIST

1
2
3
4
5
6

SIX MOST IMPORTANT PERSONAL LIST

1
2
3
4
5
6

DOCUMENT ANY INSPIRATION/AFFIRMATIONS/GRATITUDE FOR THE DAY

January 26 Thursday

SIX MOST IMPORTANT PROFESSIONAL/BUSINESS LIST

1
2
3
4
5
6

SIX MOST IMPORTANT PERSONAL LIST

1
2
3
4
5
6

DOCUMENT ANY INSPIRATION/AFFIRMATIONS/GRATITUDE FOR THE DAY

January 27 Friday

SIX MOST IMPORTANT PROFESSIONAL/BUSINESS LIST

1
2
3
4
5
6

SIX MOST IMPORTANT PERSONAL LIST

1
2
3
4
5
6

DOCUMENT ANY INSPIRATION/AFFIRMATIONS/GRATITUDE FOR THE DAY

January 28 Saturday

SIX MOST IMPORTANT PROFESSIONAL/BUSINESS LIST

1
2
3
4
5
6

SIX MOST IMPORTANT PERSONAL LIST

1
2
3
4
5
6

DOCUMENT ANY INSPIRATION/AFFIRMATIONS/GRATITUDE FOR THE DAY

January 29 Sunday

SIX MOST IMPORTANT PROFESSIONAL/BUSINESS LIST

1
2
3
4
5
6

SIX MOST IMPORTANT PERSONAL LIST

1
2
3
4
5
6

DOCUMENT ANY INSPIRATION/AFFIRMATIONS/GRATITUDE FOR THE DAY

January 30 Monday

SIX MOST IMPORTANT PROFESSIONAL/BUSINESS LIST

1
2
3
4
5
6

SIX MOST IMPORTANT PERSONAL LIST

1
2
3
4
5
6

DOCUMENT ANY INSPIRATION/AFFIRMATIONS/GRATITUDE FOR THE DAY

January 31 Tuesday

SIX MOST IMPORTANT PROFESSIONAL/BUSINESS LIST

1
2
3
4
5
6

SIX MOST IMPORTANT PERSONAL LIST

1
2
3
4
5
6

DOCUMENT ANY INSPIRATION/AFFIRMATIONS/GRATITUDE FOR THE DAY

2023
FEBRUARY

SUNDAY	MONDAY	TUESDAY	WEDNSDAY	THURSDAY	FRIDAY	SATURDAY
			01	02	03	04
05	06	07	08	09	10	11
12	13	14	15	16	17	18
19	20	21	22	23	24	25
26	27	28				

Main Goals for February 2023

PROFESSIONAL/BUSINESS

1
2
3
4
5
6
7

PERSONAL

1
2
3
4
5
6
7

FINANCIAL

1
2
3
4
5
6
7

February 1   Wednesday

SIX MOST IMPORTANT PROFESSIONAL/BUSINESS LIST

1
2
3
4
5
6

SIX MOST IMPORTANT PERSONAL LIST

1
2
3
4
5
6

DOCUMENT ANY INSPIRATION/AFFIRMATIONS/GRATITUDE FOR THE DAY

February 2   Thursday

SIX MOST IMPORTANT PROFESSIONAL/BUSINESS LIST

1
2
3
4
5
6

SIX MOST IMPORTANT PERSONAL LIST

1
2
3
4
5
6

DOCUMENT ANY INSPIRATION/AFFIRMATIONS/GRATITUDE FOR THE DAY

February 3   Friday

SIX MOST IMPORTANT PROFESSIONAL/BUSINESS LIST

1
2
3
4
5
6

SIX MOST IMPORTANT PERSONAL LIST

1
2
3
4
5
6

DOCUMENT ANY INSPIRATION/AFFIRMATIONS/GRATITUDE FOR THE DAY

February 4   Saturday

SIX MOST IMPORTANT PROFESSIONAL/BUSINESS LIST

1
2
3
4
5
6

SIX MOST IMPORTANT PERSONAL LIST

1
2
3
4
5
6

DOCUMENT ANY INSPIRATION/AFFIRMATIONS/GRATITUDE FOR THE DAY

February 5   Sunday

SIX MOST IMPORTANT PROFESSIONAL/BUSINESS LIST

1
2
3
4
5
6

SIX MOST IMPORTANT PERSONAL LIST

1
2
3
4
5
6

DOCUMENT ANY INSPIRATION/AFFIRMATIONS/GRATITUDE FOR THE DAY

February 6   Monday

SIX MOST IMPORTANT PROFESSIONAL/BUSINESS LIST

1
2
3
4
5
6

SIX MOST IMPORTANT PERSONAL LIST

1
2
3
4
5
6

DOCUMENT ANY INSPIRATION/AFFIRMATIONS/GRATITUDE FOR THE DAY

February 7   Tuesday

SIX MOST IMPORTANT PROFESSIONAL/BUSINESS LIST

1
2
3
4
5
6

SIX MOST IMPORTANT PERSONAL LIST

1
2
3
4
5
6

DOCUMENT ANY INSPIRATION/AFFIRMATIONS/GRATITUDE FOR THE DAY

February 8   Wednesday

SIX MOST IMPORTANT PROFESSIONAL/BUSINESS LIST

1
2
3
4
5
6

SIX MOST IMPORTANT PERSONAL LIST

1
2
3
4
5
6

DOCUMENT ANY INSPIRATION/AFFIRMATIONS/GRATITUDE FOR THE DAY

February 9   Thursday

SIX MOST IMPORTANT PROFESSIONAL/BUSINESS LIST

1
2
3
4
5
6

SIX MOST IMPORTANT PERSONAL LIST

1
2
3
4
5
6

DOCUMENT ANY INSPIRATION/AFFIRMATIONS/GRATITUDE FOR THE DAY

February 10 Friday

SIX MOST IMPORTANT PROFESSIONAL/BUSINESS LIST

1
2
3
4
5
6

SIX MOST IMPORTANT PERSONAL LIST

1
2
3
4
5
6

DOCUMENT ANY INSPIRATION/AFFIRMATIONS/GRATITUDE FOR THE DAY

February 11   Saturday

SIX MOST IMPORTANT PROFESSIONAL/BUSINESS LIST

1
2
3
4
5
6

SIX MOST IMPORTANT PERSONAL LIST

1
2
3
4
5
6

DOCUMENT ANY INSPIRATION/AFFIRMATIONS/GRATITUDE FOR THE DAY

February 12 Sunday

SIX MOST IMPORTANT PROFESSIONAL/BUSINESS LIST

1
2
3
4
5
6

SIX MOST IMPORTANT PERSONAL LIST

1
2
3
4
5
6

DOCUMENT ANY INSPIRATION/AFFIRMATIONS/GRATITUDE FOR THE DAY

February 13 Monday

SIX MOST IMPORTANT PROFESSIONAL/BUSINESS LIST

1
2
3
4
5
6

SIX MOST IMPORTANT PERSONAL LIST

1
2
3
4
5
6

DOCUMENT ANY INSPIRATION/AFFIRMATIONS/GRATITUDE FOR THE DAY

February 14 Tuesday

SIX MOST IMPORTANT PROFESSIONAL/BUSINESS LIST

1
2
3
4
5
6

SIX MOST IMPORTANT PERSONAL LIST

1
2
3
4
5
6

DOCUMENT ANY INSPIRATION/AFFIRMATIONS/GRATITUDE FOR THE DAY

February 15 Wednesday

SIX MOST IMPORTANT PROFESSIONAL/BUSINESS LIST

1
2
3
4
5
6

SIX MOST IMPORTANT PERSONAL LIST

1
2
3
4
5
6

DOCUMENT ANY INSPIRATION/AFFIRMATIONS/GRATITUDE FOR THE DAY

February 16 Thursday

SIX MOST IMPORTANT PROFESSIONAL/BUSINESS LIST

1
2
3
4
5
6

SIX MOST IMPORTANT PERSONAL LIST

1
2
3
4
5
6

DOCUMENT ANY INSPIRATION/AFFIRMATIONS/GRATITUDE FOR THE DAY

February 17   Friday

SIX MOST IMPORTANT PROFESSIONAL/BUSINESS LIST

1
2
3
4
5
6

SIX MOST IMPORTANT PERSONAL LIST

1
2
3
4
5
6

DOCUMENT ANY INSPIRATION/AFFIRMATIONS/GRATITUDE FOR THE DAY

February 18 Saturday

SIX MOST IMPORTANT PROFESSIONAL/BUSINESS LIST

1
2
3
4
5
6

SIX MOST IMPORTANT PERSONAL LIST

1
2
3
4
5
6

DOCUMENT ANY INSPIRATION/AFFIRMATIONS/GRATITUDE FOR THE DAY

February 19 Sunday

SIX MOST IMPORTANT PROFESSIONAL/BUSINESS LIST

1
2
3
4
5
6

SIX MOST IMPORTANT PERSONAL LIST

1
2
3
4
5
6

DOCUMENT ANY INSPIRATION/AFFIRMATIONS/GRATITUDE FOR THE DAY

February 20 Monday

SIX MOST IMPORTANT PROFESSIONAL/BUSINESS LIST

1
2
3
4
5
6

SIX MOST IMPORTANT PERSONAL LIST

1
2
3
4
5
6

DOCUMENT ANY INSPIRATION/AFFIRMATIONS/GRATITUDE FOR THE DAY

February 21 Tuesday

SIX MOST IMPORTANT PROFESSIONAL/BUSINESS LIST

1
2
3
4
5
6

SIX MOST IMPORTANT PERSONAL LIST

1
2
3
4
5
6

DOCUMENT ANY INSPIRATION/AFFIRMATIONS/GRATITUDE FOR THE DAY

February 22 Wednesday

SIX MOST IMPORTANT PROFESSIONAL/BUSINESS LIST

1
2
3
4
5
6

SIX MOST IMPORTANT PERSONAL LIST

1
2
3
4
5
6

DOCUMENT ANY INSPIRATION/AFFIRMATIONS/GRATITUDE FOR THE DAY

February 23 Thursday

SIX MOST IMPORTANT PROFESSIONAL/BUSINESS LIST

1
2
3
4
5
6

SIX MOST IMPORTANT PERSONAL LIST

1
2
3
4
5
6

DOCUMENT ANY INSPIRATION/AFFIRMATIONS/GRATITUDE FOR THE DAY

February 24 Friday

SIX MOST IMPORTANT PROFESSIONAL/BUSINESS LIST

1
2
3
4
5
6

SIX MOST IMPORTANT PERSONAL LIST

1
2
3
4
5
6

DOCUMENT ANY INSPIRATION/AFFIRMATIONS/GRATITUDE FOR THE DAY

February 25 Saturday

SIX MOST IMPORTANT PROFESSIONAL/BUSINESS LIST

1
2
3
4
5
6

SIX MOST IMPORTANT PERSONAL LIST

1
2
3
4
5
6

DOCUMENT ANY INSPIRATION/AFFIRMATIONS/GRATITUDE FOR THE DAY

February 26 Sunday

SIX MOST IMPORTANT PROFESSIONAL/BUSINESS LIST

1
2
3
4
5
6

SIX MOST IMPORTANT PERSONAL LIST

1
2
3
4
5
6

DOCUMENT ANY INSPIRATION/AFFIRMATIONS/GRATITUDE FOR THE DAY

February 27 Monday

SIX MOST IMPORTANT PROFESSIONAL/BUSINESS LIST

1
2
3
4
5
6

SIX MOST IMPORTANT PERSONAL LIST

1
2
3
4
5
6

DOCUMENT ANY INSPIRATION/AFFIRMATIONS/GRATITUDE FOR THE DAY

February 28 Tuesday

SIX MOST IMPORTANT PROFESSIONAL/BUSINESS LIST

1
2
3
4
5
6

SIX MOST IMPORTANT PERSONAL LIST

1
2
3
4
5
6

DOCUMENT ANY INSPIRATION/AFFIRMATIONS/GRATITUDE FOR THE DAY

2023
MARCH

SUNDAY	MONDAY	TUESDAY	WEDNSDAY	THURSDAY	FRIDAY	SATURDAY
			01	02	03	04
05	06	07	08	09	10	11
12	13	14	15	16	17	18
19	20	21	22	23	24	25
26	27	28	29	30	31	

Main Goals for March 2023

PROFESSIONAL/BUSINESS

1
2
3
4
5
6
7

PERSONAL

1
2
3
4
5
6
7

FINANCIAL

1
2
3
4
5
6
7

March 1   Wednesday

SIX MOST IMPORTANT PROFESSIONAL/BUSINESS LIST

1
2
3
4
5
6

SIX MOST IMPORTANT PERSONAL LIST

1
2
3
4
5
6

DOCUMENT ANY INSPIRATION/AFFIRMATIONS/GRATITUDE FOR THE DAY

March 2   Thursday

SIX MOST IMPORTANT PROFESSIONAL/BUSINESS LIST

1
2
3
4
5
6

SIX MOST IMPORTANT PERSONAL LIST

1
2
3
4
5
6

DOCUMENT ANY INSPIRATION/AFFIRMATIONS/GRATITUDE FOR THE DAY

March 3   Friday

SIX MOST IMPORTANT PROFESSIONAL/BUSINESS LIST

1
2
3
4
5
6

SIX MOST IMPORTANT PERSONAL LIST

1
2
3
4
5
6

DOCUMENT ANY INSPIRATION/AFFIRMATIONS/GRATITUDE FOR THE DAY

March 4   Saturday

SIX MOST IMPORTANT PROFESSIONAL/BUSINESS LIST

1
2
3
4
5
6

SIX MOST IMPORTANT PERSONAL LIST

1
2
3
4
5
6

DOCUMENT ANY INSPIRATION/AFFIRMATIONS/GRATITUDE FOR THE DAY

March 5   Sunday

SIX MOST IMPORTANT PROFESSIONAL/BUSINESS LIST

1
2
3
4
5
6

SIX MOST IMPORTANT PERSONAL LIST

1
2
3
4
5
6

DOCUMENT ANY INSPIRATION/AFFIRMATIONS/GRATITUDE FOR THE DAY

March 6   Monday

SIX MOST IMPORTANT PROFESSIONAL/BUSINESS LIST

1
2
3
4
5
6

SIX MOST IMPORTANT PERSONAL LIST

1
2
3
4
5
6

DOCUMENT ANY INSPIRATION/AFFIRMATIONS/GRATITUDE FOR THE DAY

March 7   Tuesday

SIX MOST IMPORTANT PROFESSIONAL/BUSINESS LIST

1
2
3
4
5
6

SIX MOST IMPORTANT PERSONAL LIST

1
2
3
4
5
6

DOCUMENT ANY INSPIRATION/AFFIRMATIONS/GRATITUDE FOR THE DAY

March 8   Wednesday

SIX MOST IMPORTANT PROFESSIONAL/BUSINESS LIST

1
2
3
4
5
6

SIX MOST IMPORTANT PERSONAL LIST

1
2
3
4
5
6

DOCUMENT ANY INSPIRATION/AFFIRMATIONS/GRATITUDE FOR THE DAY

March 9   Thursday

SIX MOST IMPORTANT PROFESSIONAL/BUSINESS LIST

1
2
3
4
5
6

SIX MOST IMPORTANT PERSONAL LIST

1
2
3
4
5
6

DOCUMENT ANY INSPIRATION/AFFIRMATIONS/GRATITUDE FOR THE DAY

March 10   Friday

SIX MOST IMPORTANT PROFESSIONAL/BUSINESS LIST

1
2
3
4
5
6

SIX MOST IMPORTANT PERSONAL LIST

1
2
3
4
5
6

DOCUMENT ANY INSPIRATION/AFFIRMATIONS/GRATITUDE FOR THE DAY

March 11   Saturday

SIX MOST IMPORTANT PROFESSIONAL/BUSINESS LIST

1
2
3
4
5
6

SIX MOST IMPORTANT PERSONAL LIST

1
2
3
4
5
6

DOCUMENT ANY INSPIRATION/AFFIRMATIONS/GRATITUDE FOR THE DAY

March 12 Sunday

SIX MOST IMPORTANT PROFESSIONAL/BUSINESS LIST

1
2
3
4
5
6

SIX MOST IMPORTANT PERSONAL LIST

1
2
3
4
5
6

DOCUMENT ANY INSPIRATION/AFFIRMATIONS/GRATITUDE FOR THE DAY

March 13 Monday

SIX MOST IMPORTANT PROFESSIONAL/BUSINESS LIST

1
2
3
4
5
6

SIX MOST IMPORTANT PERSONAL LIST

1
2
3
4
5
6

DOCUMENT ANY INSPIRATION/AFFIRMATIONS/GRATITUDE FOR THE DAY

March 14 Tuesday

SIX MOST IMPORTANT PROFESSIONAL/BUSINESS LIST

1
2
3
4
5
6

SIX MOST IMPORTANT PERSONAL LIST

1
2
3
4
5
6

DOCUMENT ANY INSPIRATION/AFFIRMATIONS/GRATITUDE FOR THE DAY

March 15 Wednesday

SIX MOST IMPORTANT PROFESSIONAL/BUSINESS LIST

1
2
3
4
5
6

SIX MOST IMPORTANT PERSONAL LIST

1
2
3
4
5
6

DOCUMENT ANY INSPIRATION/AFFIRMATIONS/GRATITUDE FOR THE DAY

March 16   Thursday

SIX MOST IMPORTANT PROFESSIONAL/BUSINESS LIST

1
2
3
4
5
6

SIX MOST IMPORTANT PERSONAL LIST

1
2
3
4
5
6

DOCUMENT ANY INSPIRATION/AFFIRMATIONS/GRATITUDE FOR THE DAY

March 17   Friday

1
2
3
4
5
6

SIX MOST IMPORTANT PERSONAL LIST

1
2
3
4
5
6

DOCUMENT ANY INSPIRATION/AFFIRMATIONS/GRATITUDE FOR THE DAY

March 18 Saturday

SIX MOST IMPORTANT PROFESSIONAL/BUSINESS LIST

1
2
3
4
5
6

SIX MOST IMPORTANT PERSONAL LIST

1
2
3
4
5
6

DOCUMENT ANY INSPIRATION/AFFIRMATIONS/GRATITUDE FOR THE DAY

March 19 Sunday

SIX MOST IMPORTANT PROFESSIONAL/BUSINESS LIST

1
2
3
4
5
6

SIX MOST IMPORTANT PERSONAL LIST

1
2
3
4
5
6

DOCUMENT ANY INSPIRATION/AFFIRMATIONS/GRATITUDE FOR THE DAY

March 20 Monday

SIX MOST IMPORTANT PROFESSIONAL/BUSINESS LIST

1
2
3
4
5
6

SIX MOST IMPORTANT PERSONAL LIST

1
2
3
4
5
6

DOCUMENT ANY INSPIRATION/AFFIRMATIONS/GRATITUDE FOR THE DAY

March 21 Tuesday

1
2
3
4
5
6

SIX MOST IMPORTANT PERSONAL LIST

1
2
3
4
5
6

DOCUMENT ANY INSPIRATION/AFFIRMATIONS/GRATITUDE FOR THE DAY

March 22 Wednesday

SIX MOST IMPORTANT PROFESSIONAL/BUSINESS LIST

1
2
3
4
5
6

SIX MOST IMPORTANT PERSONAL LIST

1
2
3
4
5
6

DOCUMENT ANY INSPIRATION/AFFIRMATIONS/GRATITUDE FOR THE DAY

March 23 Thursday

SIX MOST IMPORTANT PROFESSIONAL/BUSINESS LIST

1
2
3
4
5
6

SIX MOST IMPORTANT PERSONAL LIST

1
2
3
4
5
6

DOCUMENT ANY INSPIRATION/AFFIRMATIONS/GRATITUDE FOR THE DAY

March 24 Friday

SIX MOST IMPORTANT PROFESSIONAL/BUSINESS LIST

1
2
3
4
5
6

SIX MOST IMPORTANT PERSONAL LIST

1
2
3
4
5
6

DOCUMENT ANY INSPIRATION/AFFIRMATIONS/GRATITUDE FOR THE DAY

March 25 Saturday

SIX MOST IMPORTANT PROFESSIONAL/BUSINESS LIST

1
2
3
4
5
6

SIX MOST IMPORTANT PERSONAL LIST

1
2
3
4
5
6

DOCUMENT ANY INSPIRATION/AFFIRMATIONS/GRATITUDE FOR THE DAY

March 26 Sunday

SIX MOST IMPORTANT PROFESSIONAL/BUSINESS LIST

1
2
3
4
5
6

SIX MOST IMPORTANT PERSONAL LIST

1
2
3
4
5
6

DOCUMENT ANY INSPIRATION/AFFIRMATIONS/GRATITUDE FOR THE DAY

March 27 Monday

SIX MOST IMPORTANT PROFESSIONAL/BUSINESS LIST

1
2
3
4
5
6

SIX MOST IMPORTANT PERSONAL LIST

1
2
3
4
5
6

DOCUMENT ANY INSPIRATION/AFFIRMATIONS/GRATITUDE FOR THE DAY

March 28 Tuesday

SIX MOST IMPORTANT PROFESSIONAL/BUSINESS LIST

1
2
3
4
5
6

SIX MOST IMPORTANT PERSONAL LIST

1
2
3
4
5
6

DOCUMENT ANY INSPIRATION/AFFIRMATIONS/GRATITUDE FOR THE DAY

March 29 Wednesday

SIX MOST IMPORTANT PROFESSIONAL/BUSINESS LIST

1
2
3
4
5
6

SIX MOST IMPORTANT PERSONAL LIST

1
2
3
4
5
6

DOCUMENT ANY INSPIRATION/AFFIRMATIONS/GRATITUDE FOR THE DAY

March 30 Thursday

SIX MOST IMPORTANT PROFESSIONAL/BUSINESS LIST

1
2
3
4
5
6

SIX MOST IMPORTANT PERSONAL LIST

1
2
3
4
5
6

DOCUMENT ANY INSPIRATION/AFFIRMATIONS/GRATITUDE FOR THE DAY

March 31 Friday

SIX MOST IMPORTANT PROFESSIONAL/BUSINESS LIST

1
2
3
4
5
6

SIX MOST IMPORTANT PERSONAL LIST

1
2
3
4
5
6

DOCUMENT ANY INSPIRATION/AFFIRMATIONS/GRATITUDE FOR THE DAY

2023
APRIL

SUNDAY	MONDAY	TUESDAY	WEDNSDAY	THURSDAY	FRIDAY	SATURDAY
30						01
02	03	04	05	06	07	08
09	10	11	12	13	14	15
16	17	18	19	20	21	22
23	24	25	26	27	28	29

Main Goals for April 2023

PROFESSIONAL/BUSINESS

1
2
3
4
5
6
7

PERSONAL

1
2
3
4
5
6
7

FINANCIAL

1
2
3
4
5
6
7

April 1   Saturday

SIX MOST IMPORTANT PROFESSIONAL/BUSINESS LIST

1
2
3
4
5
6

SIX MOST IMPORTANT PERSONAL LIST

1
2
3
4
5
6

DOCUMENT ANY INSPIRATION/AFFIRMATIONS/GRATITUDE FOR THE DAY

April 2   Sunday

SIX MOST IMPORTANT PROFESSIONAL/BUSINESS LIST

1
2
3
4
5
6

SIX MOST IMPORTANT PERSONAL LIST

1
2
3
4
5
6

DOCUMENT ANY INSPIRATION/AFFIRMATIONS/GRATITUDE FOR THE DAY

April 3   Monday

SIX MOST IMPORTANT PROFESSIONAL/BUSINESS LIST

1
2
3
4
5
6

SIX MOST IMPORTANT PERSONAL LIST

1
2
3
4
5
6

DOCUMENT ANY INSPIRATION/AFFIRMATIONS/GRATITUDE FOR THE DAY

April 4　Tuesday

SIX MOST IMPORTANT PROFESSIONAL/BUSINESS LIST

1
2
3
4
5
6

SIX MOST IMPORTANT PERSONAL LIST

1
2
3
4
5
6

DOCUMENT ANY INSPIRATION/AFFIRMATIONS/GRATITUDE FOR THE DAY

April 5   Wednesday

SIX MOST IMPORTANT PROFESSIONAL/BUSINESS LIST

1
2
3
4
5
6

SIX MOST IMPORTANT PERSONAL LIST

1
2
3
4
5
6

DOCUMENT ANY INSPIRATION/AFFIRMATIONS/GRATITUDE FOR THE DAY

April 6   Thursday

SIX MOST IMPORTANT PROFESSIONAL/BUSINESS LIST

1
2
3
4
5
6

SIX MOST IMPORTANT PERSONAL LIST

1
2
3
4
5
6

DOCUMENT ANY INSPIRATION/AFFIRMATIONS/GRATITUDE FOR THE DAY

April 7 Friday

SIX MOST IMPORTANT PROFESSIONAL/BUSINESS LIST

1
2
3
4
5
6

SIX MOST IMPORTANT PERSONAL LIST

1
2
3
4
5
6

DOCUMENT ANY INSPIRATION/AFFIRMATIONS/GRATITUDE FOR THE DAY

April 8 Saturday

SIX MOST IMPORTANT PROFESSIONAL/BUSINESS LIST

1
2
3
4
5
6

SIX MOST IMPORTANT PERSONAL LIST

1
2
3
4
5
6

DOCUMENT ANY INSPIRATION/AFFIRMATIONS/GRATITUDE FOR THE DAY

April 9   Sunday

SIX MOST IMPORTANT PROFESSIONAL/BUSINESS LIST

1
2
3
4
5
6

SIX MOST IMPORTANT PERSONAL LIST

1
2
3
4
5
6

DOCUMENT ANY INSPIRATION/AFFIRMATIONS/GRATITUDE FOR THE DAY

April 10   Monday

SIX MOST IMPORTANT PROFESSIONAL/BUSINESS LIST

1
2
3
4
5
6

SIX MOST IMPORTANT PERSONAL LIST

1
2
3
4
5
6

DOCUMENT ANY INSPIRATION/AFFIRMATIONS/GRATITUDE FOR THE DAY

April 11   Tuesday

SIX MOST IMPORTANT PROFESSIONAL/BUSINESS LIST

1
2
3
4
5
6

SIX MOST IMPORTANT PERSONAL LIST

1
2
3
4
5
6

DOCUMENT ANY INSPIRATION/AFFIRMATIONS/GRATITUDE FOR THE DAY

April 12   Wednesday

SIX MOST IMPORTANT PROFESSIONAL/BUSINESS LIST

1
2
3
4
5
6

SIX MOST IMPORTANT PERSONAL LIST

1
2
3
4
5
6

DOCUMENT ANY INSPIRATION/AFFIRMATIONS/GRATITUDE FOR THE DAY

April 13   Thursday

1
2
3
4
5
6

SIX MOST IMPORTANT PERSONAL LIST

1
2
3
4
5
6

DOCUMENT ANY INSPIRATION/AFFIRMATIONS/GRATITUDE FOR THE DAY

April 14   Friday

SIX MOST IMPORTANT PROFESSIONAL/BUSINESS LIST

1
2
3
4
5
6

SIX MOST IMPORTANT PERSONAL LIST

1
2
3
4
5
6

DOCUMENT ANY INSPIRATION/AFFIRMATIONS/GRATITUDE FOR THE DAY

April 15 Saturday

SIX MOST IMPORTANT PROFESSIONAL/BUSINESS LIST

1
2
3
4
5
6

SIX MOST IMPORTANT PERSONAL LIST

1
2
3
4
5
6

DOCUMENT ANY INSPIRATION/AFFIRMATIONS/GRATITUDE FOR THE DAY

April 16   Sunday

SIX MOST IMPORTANT PROFESSIONAL/BUSINESS LIST

1
2
3
4
5
6

SIX MOST IMPORTANT PERSONAL LIST

1
2
3
4
5
6

DOCUMENT ANY INSPIRATION/AFFIRMATIONS/GRATITUDE FOR THE DAY

April 17 Monday

SIX MOST IMPORTANT PROFESSIONAL/BUSINESS LIST

1
2
3
4
5
6

SIX MOST IMPORTANT PERSONAL LIST

1
2
3
4
5
6

DOCUMENT ANY INSPIRATION/AFFIRMATIONS/GRATITUDE FOR THE DAY

April 18 Tuesday

SIX MOST IMPORTANT PROFESSIONAL/BUSINESS LIST

1
2
3
4
5
6

SIX MOST IMPORTANT PERSONAL LIST

1
2
3
4
5
6

DOCUMENT ANY INSPIRATION/AFFIRMATIONS/GRATITUDE FOR THE DAY

April 19 Wednesday

SIX MOST IMPORTANT PROFESSIONAL/BUSINESS LIST

1
2
3
4
5
6

SIX MOST IMPORTANT PERSONAL LIST

1
2
3
4
5
6

DOCUMENT ANY INSPIRATION/AFFIRMATIONS/GRATITUDE FOR THE DAY

April 20 Thursday

SIX MOST IMPORTANT PROFESSIONAL/BUSINESS LIST

1
2
3
4
5
6

SIX MOST IMPORTANT PERSONAL LIST

1
2
3
4
5
6

DOCUMENT ANY INSPIRATION/AFFIRMATIONS/GRATITUDE FOR THE DAY

April 21 Friday

SIX MOST IMPORTANT PROFESSIONAL/BUSINESS LIST

1
2
3
4
5
6

SIX MOST IMPORTANT PERSONAL LIST

1
2
3
4
5
6

DOCUMENT ANY INSPIRATION/AFFIRMATIONS/GRATITUDE FOR THE DAY

April 22 Saturday

SIX MOST IMPORTANT PROFESSIONAL/BUSINESS LIST

1
2
3
4
5
6

SIX MOST IMPORTANT PERSONAL LIST

1
2
3
4
5
6

DOCUMENT ANY INSPIRATION/AFFIRMATIONS/GRATITUDE FOR THE DAY

April 23 Sunday

SIX MOST IMPORTANT PROFESSIONAL/BUSINESS LIST

1
2
3
4
5
6

SIX MOST IMPORTANT PERSONAL LIST

1
2
3
4
5
6

DOCUMENT ANY INSPIRATION/AFFIRMATIONS/GRATITUDE FOR THE DAY

April 24 Monday

SIX MOST IMPORTANT PROFESSIONAL/BUSINESS LIST

1
2
3
4
5
6

SIX MOST IMPORTANT PERSONAL LIST

1
2
3
4
5
6

DOCUMENT ANY INSPIRATION/AFFIRMATIONS/GRATITUDE FOR THE DAY

April 25 Tuesday

SIX MOST IMPORTANT PROFESSIONAL/BUSINESS LIST

1
2
3
4
5
6

SIX MOST IMPORTANT PERSONAL LIST

1
2
3
4
5
6

DOCUMENT ANY INSPIRATION/AFFIRMATIONS/GRATITUDE FOR THE DAY

April 26 Wednesday

SIX MOST IMPORTANT PROFESSIONAL/BUSINESS LIST

1
2
3
4
5
6

SIX MOST IMPORTANT PERSONAL LIST

1
2
3
4
5
6

DOCUMENT ANY INSPIRATION/AFFIRMATIONS/GRATITUDE FOR THE DAY

April 27 Thursday

SIX MOST IMPORTANT PROFESSIONAL/BUSINESS LIST

1
2
3
4
5
6

SIX MOST IMPORTANT PERSONAL LIST

1
2
3
4
5
6

DOCUMENT ANY INSPIRATION/AFFIRMATIONS/GRATITUDE FOR THE DAY

April 28 Friday

SIX MOST IMPORTANT PROFESSIONAL/BUSINESS LIST

1
2
3
4
5
6

SIX MOST IMPORTANT PERSONAL LIST

1
2
3
4
5
6

DOCUMENT ANY INSPIRATION/AFFIRMATIONS/GRATITUDE FOR THE DAY

April 29 Saturday

SIX MOST IMPORTANT PROFESSIONAL/BUSINESS LIST

1
2
3
4
5
6

SIX MOST IMPORTANT PERSONAL LIST

1
2
3
4
5
6

DOCUMENT ANY INSPIRATION/AFFIRMATIONS/GRATITUDE FOR THE DAY

April 30 Sunday

SIX MOST IMPORTANT PROFESSIONAL/BUSINESS LIST

1
2
3
4
5
6

SIX MOST IMPORTANT PERSONAL LIST

1
2
3
4
5
6

DOCUMENT ANY INSPIRATION/AFFIRMATIONS/GRATITUDE FOR THE DAY

" DO NOT LIMIT YOURSELF. MANY PEOPLE LIMIT THEMSELVES TO WHAT THEY THINK THEY CAN DO. YOU CAN GO AS FAR AS YOUR MIND LETS YOU. WHAT YOU BELIEVE, REMEMBER YOU CAN ACHIEVE".

–Mary Kay Ash

2023
MAY

SUNDAY	MONDAY	TUESDAY	WEDNSDAY	THURSDAY	FRIDAY	SATURDAY
	01	02	03	04	05	06
07	08	09	10	11	12	13
14	15	16	17	18	19	20
21	22	23	24	25	26	27
28	29	30	31			

Main Goals for May 2023

PROFESSIONAL/BUSINESS

1
2
3
4
5
6
7

PERSONAL

1
2
3
4
5
6
7

FINANCIAL

1
2
3
4
5
6
7

May 1   Monday

SIX MOST IMPORTANT PROFESSIONAL/BUSINESS LIST

1
2
3
4
5
6

SIX MOST IMPORTANT PERSONAL LIST

1
2
3
4
5
6

DOCUMENT ANY INSPIRATION/AFFIRMATIONS/GRATITUDE FOR THE DAY

May 2   Tuesday

SIX MOST IMPORTANT PROFESSIONAL/BUSINESS LIST

1
2
3
4
5
6

SIX MOST IMPORTANT PERSONAL LIST

1
2
3
4
5
6

DOCUMENT ANY INSPIRATION/AFFIRMATIONS/GRATITUDE FOR THE DAY

May 3   Wednesday

SIX MOST IMPORTANT PROFESSIONAL/BUSINESS LIST

1
2
3
4
5
6

SIX MOST IMPORTANT PERSONAL LIST

1
2
3
4
5
6

DOCUMENT ANY INSPIRATION/AFFIRMATIONS/GRATITUDE FOR THE DAY

May 4   Thursday

SIX MOST IMPORTANT PROFESSIONAL/BUSINESS LIST

1
2
3
4
5
6

SIX MOST IMPORTANT PERSONAL LIST

1
2
3
4
5
6

DOCUMENT ANY INSPIRATION/AFFIRMATIONS/GRATITUDE FOR THE DAY

May 5   Friday

SIX MOST IMPORTANT PROFESSIONAL/BUSINESS LIST

1
2
3
4
5
6

SIX MOST IMPORTANT PERSONAL LIST

1
2
3
4
5
6

DOCUMENT ANY INSPIRATION/AFFIRMATIONS/GRATITUDE FOR THE DAY

May 6　Saturday

SIX MOST IMPORTANT PROFESSIONAL/BUSINESS LIST

1
2
3
4
5
6

SIX MOST IMPORTANT PERSONAL LIST

1
2
3
4
5
6

DOCUMENT ANY INSPIRATION/AFFIRMATIONS/GRATITUDE FOR THE DAY

May 7   Sunday

SIX MOST IMPORTANT PROFESSIONAL/BUSINESS LIST

1
2
3
4
5
6

SIX MOST IMPORTANT PERSONAL LIST

1
2
3
4
5
6

DOCUMENT ANY INSPIRATION/AFFIRMATIONS/GRATITUDE FOR THE DAY

May 8   Monday

SIX MOST IMPORTANT PROFESSIONAL/BUSINESS LIST

1
2
3
4
5
6

SIX MOST IMPORTANT PERSONAL LIST

1
2
3
4
5
6

DOCUMENT ANY INSPIRATION/AFFIRMATIONS/GRATITUDE FOR THE DAY

May 9   Tuesday

SIX MOST IMPORTANT PROFESSIONAL/BUSINESS LIST

1
2
3
4
5
6

SIX MOST IMPORTANT PERSONAL LIST

1
2
3
4
5
6

DOCUMENT ANY INSPIRATION/AFFIRMATIONS/GRATITUDE FOR THE DAY

May 10 Wednesday

SIX MOST IMPORTANT PROFESSIONAL/BUSINESS LIST

1
2
3
4
5
6

SIX MOST IMPORTANT PERSONAL LIST

1
2
3
4
5
6

DOCUMENT ANY INSPIRATION/AFFIRMATIONS/GRATITUDE FOR THE DAY

May 11   Thursday

SIX MOST IMPORTANT PROFESSIONAL/BUSINESS LIST

1
2
3
4
5
6

SIX MOST IMPORTANT PERSONAL LIST

1
2
3
4
5
6

DOCUMENT ANY INSPIRATION/AFFIRMATIONS/GRATITUDE FOR THE DAY

May 12   Friday

SIX MOST IMPORTANT PROFESSIONAL/BUSINESS LIST

1
2
3
4
5
6

SIX MOST IMPORTANT PERSONAL LIST

1
2
3
4
5
6

DOCUMENT ANY INSPIRATION/AFFIRMATIONS/GRATITUDE FOR THE DAY

May 13 Saturday

SIX MOST IMPORTANT PROFESSIONAL/BUSINESS LIST

1
2
3
4
5
6

SIX MOST IMPORTANT PERSONAL LIST

1
2
3
4
5
6

DOCUMENT ANY INSPIRATION/AFFIRMATIONS/GRATITUDE FOR THE DAY

May 14 Sunday

SIX MOST IMPORTANT PROFESSIONAL/BUSINESS LIST

1
2
3
4
5
6

SIX MOST IMPORTANT PERSONAL LIST

1
2
3
4
5
6

DOCUMENT ANY INSPIRATION/AFFIRMATIONS/GRATITUDE FOR THE DAY

May 15　Monday

SIX MOST IMPORTANT PROFESSIONAL/BUSINESS LIST

1
2
3
4
5
6

SIX MOST IMPORTANT PERSONAL LIST

1
2
3
4
5
6

DOCUMENT ANY INSPIRATION/AFFIRMATIONS/GRATITUDE FOR THE DAY

May 16 Tuesday

SIX MOST IMPORTANT PROFESSIONAL/BUSINESS LIST

1
2
3
4
5
6

SIX MOST IMPORTANT PERSONAL LIST

1
2
3
4
5
6

DOCUMENT ANY INSPIRATION/AFFIRMATIONS/GRATITUDE FOR THE DAY

May 17   Wednesday

SIX MOST IMPORTANT PROFESSIONAL/BUSINESS LIST

1
2
3
4
5
6

SIX MOST IMPORTANT PERSONAL LIST

1
2
3
4
5
6

DOCUMENT ANY INSPIRATION/AFFIRMATIONS/GRATITUDE FOR THE DAY

May 18 Thursday

SIX MOST IMPORTANT PROFESSIONAL/BUSINESS LIST

1
2
3
4
5
6

SIX MOST IMPORTANT PERSONAL LIST

1
2
3
4
5
6

DOCUMENT ANY INSPIRATION/AFFIRMATIONS/GRATITUDE FOR THE DAY

May 19 Friday

SIX MOST IMPORTANT PROFESSIONAL/BUSINESS LIST

1
2
3
4
5
6

SIX MOST IMPORTANT PERSONAL LIST

1
2
3
4
5
6

DOCUMENT ANY INSPIRATION/AFFIRMATIONS/GRATITUDE FOR THE DAY

May 20 Saturday

SIX MOST IMPORTANT PROFESSIONAL/BUSINESS LIST

1
2
3
4
5
6

SIX MOST IMPORTANT PERSONAL LIST

1
2
3
4
5
6

DOCUMENT ANY INSPIRATION/AFFIRMATIONS/GRATITUDE FOR THE DAY

May 21 Sunday

SIX MOST IMPORTANT PROFESSIONAL/BUSINESS LIST

1
2
3
4
5
6

SIX MOST IMPORTANT PERSONAL LIST

1
2
3
4
5
6

DOCUMENT ANY INSPIRATION/AFFIRMATIONS/GRATITUDE FOR THE DAY

May 22 Monday

SIX MOST IMPORTANT PROFESSIONAL/BUSINESS LIST

1
2
3
4
5
6

SIX MOST IMPORTANT PERSONAL LIST

1
2
3
4
5
6

DOCUMENT ANY INSPIRATION/AFFIRMATIONS/GRATITUDE FOR THE DAY

May 23 Tuesday

SIX MOST IMPORTANT PROFESSIONAL/BUSINESS LIST

1
2
3
4
5
6

SIX MOST IMPORTANT PERSONAL LIST

1
2
3
4
5
6

DOCUMENT ANY INSPIRATION/AFFIRMATIONS/GRATITUDE FOR THE DAY

May 24 Wednesday

SIX MOST IMPORTANT PROFESSIONAL/BUSINESS LIST

1
2
3
4
5
6

SIX MOST IMPORTANT PERSONAL LIST

1
2
3
4
5
6

DOCUMENT ANY INSPIRATION/AFFIRMATIONS/GRATITUDE FOR THE DAY

May 25 Thursday

SIX MOST IMPORTANT PROFESSIONAL/BUSINESS LIST

1
2
3
4
5
6

SIX MOST IMPORTANT PERSONAL LIST

1
2
3
4
5
6

DOCUMENT ANY INSPIRATION/AFFIRMATIONS/GRATITUDE FOR THE DAY

May 26 Friday

SIX MOST IMPORTANT PROFESSIONAL/BUSINESS LIST

1
2
3
4
5
6

SIX MOST IMPORTANT PERSONAL LIST

1
2
3
4
5
6

DOCUMENT ANY INSPIRATION/AFFIRMATIONS/GRATITUDE FOR THE DAY

May 27 Saturday

SIX MOST IMPORTANT PROFESSIONAL/BUSINESS LIST

1
2
3
4
5
6

SIX MOST IMPORTANT PERSONAL LIST

1
2
3
4
5
6

DOCUMENT ANY INSPIRATION/AFFIRMATIONS/GRATITUDE FOR THE DAY

May 28 Sunday

SIX MOST IMPORTANT PROFESSIONAL/BUSINESS LIST

1
2
3
4
5
6

SIX MOST IMPORTANT PERSONAL LIST

1
2
3
4
5
6

DOCUMENT ANY INSPIRATION/AFFIRMATIONS/GRATITUDE FOR THE DAY

May 29 Monday

SIX MOST IMPORTANT PROFESSIONAL/BUSINESS LIST

1
2
3
4
5
6

SIX MOST IMPORTANT PERSONAL LIST

1
2
3
4
5
6

DOCUMENT ANY INSPIRATION/AFFIRMATIONS/GRATITUDE FOR THE DAY

May 30 Tuesday

SIX MOST IMPORTANT PROFESSIONAL/BUSINESS LIST

1
2
3
4
5
6

SIX MOST IMPORTANT PERSONAL LIST

1
2
3
4
5
6

DOCUMENT ANY INSPIRATION/AFFIRMATIONS/GRATITUDE FOR THE DAY

May 31 Wednesday

SIX MOST IMPORTANT PROFESSIONAL/BUSINESS LIST

1
2
3
4
5
6

SIX MOST IMPORTANT PERSONAL LIST

1
2
3
4
5
6

DOCUMENT ANY INSPIRATION/AFFIRMATIONS/GRATITUDE FOR THE DAY

"MAGIC IS BELIEVING IN YOURSELF. IF YOU CAN MAKE THAT HAPPEN, YOU CAN MAKE ANYTHING HAPPEN".

-Johann Wolfgang Von Goethe

2023
JUNE

SUNDAY	MONDAY	TUESDAY	WEDNSDAY	THURSDAY	FRIDAY	SATURDAY
				01	02	03
04	05	06	07	08	09	10
11	12	13	14	15	16	17
18	19	20	21	22	23	24
25	26	27	28	29	30	

Main Goals for June 2023

PROFESSIONAL/BUSINESS

1
2
3
4
5
6
7

PERSONAL

1
2
3
4
5
6
7

FINANCIAL

1
2
3
4
5
6
7

June 1　Thursday

SIX MOST IMPORTANT PROFESSIONAL/BUSINESS LIST

1
2
3
4
5
6

SIX MOST IMPORTANT PERSONAL LIST

1
2
3
4
5
6

DOCUMENT ANY INSPIRATION/AFFIRMATIONS/GRATITUDE FOR THE DAY

June 2   Friday

SIX MOST IMPORTANT PROFESSIONAL/BUSINESS LIST

1
2
3
4
5
6

SIX MOST IMPORTANT PERSONAL LIST

1
2
3
4
5
6

DOCUMENT ANY INSPIRATION/AFFIRMATIONS/GRATITUDE FOR THE DAY

June 3   Saturday

1
2
3
4
5
6

SIX MOST IMPORTANT PERSONAL LIST

1
2
3
4
5
6

DOCUMENT ANY INSPIRATION/AFFIRMATIONS/GRATITUDE FOR THE DAY

June 4   Sunday

SIX MOST IMPORTANT PROFESSIONAL/BUSINESS LIST

1
2
3
4
5
6

SIX MOST IMPORTANT PERSONAL LIST

1
2
3
4
5
6

DOCUMENT ANY INSPIRATION/AFFIRMATIONS/GRATITUDE FOR THE DAY

June 5 Monday

SIX MOST IMPORTANT PROFESSIONAL/BUSINESS LIST

1
2
3
4
5
6

SIX MOST IMPORTANT PERSONAL LIST

1
2
3
4
5
6

DOCUMENT ANY INSPIRATION/AFFIRMATIONS/GRATITUDE FOR THE DAY

June 6   Tuesday

SIX MOST IMPORTANT PROFESSIONAL/BUSINESS LIST

1
2
3
4
5
6

SIX MOST IMPORTANT PERSONAL LIST

1
2
3
4
5
6

DOCUMENT ANY INSPIRATION/AFFIRMATIONS/GRATITUDE FOR THE DAY

June 7   Wednesday

SIX MOST IMPORTANT PROFESSIONAL/BUSINESS LIST

1
2
3
4
5
6

SIX MOST IMPORTANT PERSONAL LIST

1
2
3
4
5
6

DOCUMENT ANY INSPIRATION/AFFIRMATIONS/GRATITUDE FOR THE DAY

June 8   Thursday

SIX MOST IMPORTANT PROFESSIONAL/BUSINESS LIST

1
2
3
4
5
6

SIX MOST IMPORTANT PERSONAL LIST

1
2
3
4
5
6

DOCUMENT ANY INSPIRATION/AFFIRMATIONS/GRATITUDE FOR THE DAY

June 9   Friday

SIX MOST IMPORTANT PROFESSIONAL/BUSINESS LIST

1
2
3
4
5
6

SIX MOST IMPORTANT PERSONAL LIST

1
2
3
4
5
6

DOCUMENT ANY INSPIRATION/AFFIRMATIONS/GRATITUDE FOR THE DAY

June 10 Saturday

SIX MOST IMPORTANT PROFESSIONAL/BUSINESS LIST

1
2
3
4
5
6

SIX MOST IMPORTANT PERSONAL LIST

1
2
3
4
5
6

DOCUMENT ANY INSPIRATION/AFFIRMATIONS/GRATITUDE FOR THE DAY

June 11 Sunday

SIX MOST IMPORTANT PROFESSIONAL/BUSINESS LIST

1
2
3
4
5
6

SIX MOST IMPORTANT PERSONAL LIST

1
2
3
4
5
6

DOCUMENT ANY INSPIRATION/AFFIRMATIONS/GRATITUDE FOR THE DAY

June 12 Monday

SIX MOST IMPORTANT PROFESSIONAL/BUSINESS LIST

1
2
3
4
5
6

SIX MOST IMPORTANT PERSONAL LIST

1
2
3
4
5
6

DOCUMENT ANY INSPIRATION/AFFIRMATIONS/GRATITUDE FOR THE DAY

June 13 Tuesday

SIX MOST IMPORTANT PROFESSIONAL/BUSINESS LIST

1
2
3
4
5
6

SIX MOST IMPORTANT PERSONAL LIST

1
2
3
4
5
6

DOCUMENT ANY INSPIRATION/AFFIRMATIONS/GRATITUDE FOR THE DAY

June 14 Wednesday

SIX MOST IMPORTANT PROFESSIONAL/BUSINESS LIST

1
2
3
4
5
6

SIX MOST IMPORTANT PERSONAL LIST

1
2
3
4
5
6

DOCUMENT ANY INSPIRATION/AFFIRMATIONS/GRATITUDE FOR THE DAY

June 15 Thursday

SIX MOST IMPORTANT PROFESSIONAL/BUSINESS LIST

1
2
3
4
5
6

SIX MOST IMPORTANT PERSONAL LIST

1
2
3
4
5
6

DOCUMENT ANY INSPIRATION/AFFIRMATIONS/GRATITUDE FOR THE DAY

June 16 Friday

SIX MOST IMPORTANT PROFESSIONAL/BUSINESS LIST

1
2
3
4
5
6

SIX MOST IMPORTANT PERSONAL LIST

1
2
3
4
5
6

DOCUMENT ANY INSPIRATION/AFFIRMATIONS/GRATITUDE FOR THE DAY

June 17   Saturday

SIX MOST IMPORTANT PROFESSIONAL/BUSINESS LIST

1
2
3
4
5
6

SIX MOST IMPORTANT PERSONAL LIST

1
2
3
4
5
6

DOCUMENT ANY INSPIRATION/AFFIRMATIONS/GRATITUDE FOR THE DAY

June 18 Sunday

SIX MOST IMPORTANT PROFESSIONAL/BUSINESS LIST

1
2
3
4
5
6

SIX MOST IMPORTANT PERSONAL LIST

1
2
3
4
5
6

DOCUMENT ANY INSPIRATION/AFFIRMATIONS/GRATITUDE FOR THE DAY

June 19 Monday

SIX MOST IMPORTANT PROFESSIONAL/BUSINESS LIST

1
2
3
4
5
6

SIX MOST IMPORTANT PERSONAL LIST

1
2
3
4
5
6

DOCUMENT ANY INSPIRATION/AFFIRMATIONS/GRATITUDE FOR THE DAY

June 20 Tuesday

SIX MOST IMPORTANT PROFESSIONAL/BUSINESS LIST

1
2
3
4
5
6

SIX MOST IMPORTANT PERSONAL LIST

1
2
3
4
5
6

DOCUMENT ANY INSPIRATION/AFFIRMATIONS/GRATITUDE FOR THE DAY

June 21 Wednesday

SIX MOST IMPORTANT PROFESSIONAL/BUSINESS LIST

1
2
3
4
5
6

SIX MOST IMPORTANT PERSONAL LIST

1
2
3
4
5
6

DOCUMENT ANY INSPIRATION/AFFIRMATIONS/GRATITUDE FOR THE DAY

June 22 Thursday

SIX MOST IMPORTANT PROFESSIONAL/BUSINESS LIST

1
2
3
4
5
6

SIX MOST IMPORTANT PERSONAL LIST

1
2
3
4
5
6

DOCUMENT ANY INSPIRATION/AFFIRMATIONS/GRATITUDE FOR THE DAY

June 23 Friday

SIX MOST IMPORTANT PROFESSIONAL/BUSINESS LIST

1
2
3
4
5
6

SIX MOST IMPORTANT PERSONAL LIST

1
2
3
4
5
6

DOCUMENT ANY INSPIRATION/AFFIRMATIONS/GRATITUDE FOR THE DAY

June 24 Saturday

SIX MOST IMPORTANT PROFESSIONAL/BUSINESS LIST

1
2
3
4
5
6

SIX MOST IMPORTANT PERSONAL LIST

1
2
3
4
5
6

DOCUMENT ANY INSPIRATION/AFFIRMATIONS/GRATITUDE FOR THE DAY

June 25 Sunday

SIX MOST IMPORTANT PROFESSIONAL/BUSINESS LIST

1
2
3
4
5
6

SIX MOST IMPORTANT PERSONAL LIST

1
2
3
4
5
6

DOCUMENT ANY INSPIRATION/AFFIRMATIONS/GRATITUDE FOR THE DAY

June 26 Monday

SIX MOST IMPORTANT PROFESSIONAL/BUSINESS LIST

1
2
3
4
5
6

SIX MOST IMPORTANT PERSONAL LIST

1
2
3
4
5
6

DOCUMENT ANY INSPIRATION/AFFIRMATIONS/GRATITUDE FOR THE DAY

June 27 Tuesday

SIX MOST IMPORTANT PROFESSIONAL/BUSINESS LIST

1
2
3
4
5
6

SIX MOST IMPORTANT PERSONAL LIST

1
2
3
4
5
6

DOCUMENT ANY INSPIRATION/AFFIRMATIONS/GRATITUDE FOR THE DAY

June 28 Wednesday

SIX MOST IMPORTANT PROFESSIONAL/BUSINESS LIST

1
2
3
4
5
6

SIX MOST IMPORTANT PERSONAL LIST

1
2
3
4
5
6

DOCUMENT ANY INSPIRATION/AFFIRMATIONS/GRATITUDE FOR THE DAY

June 29 Thursday

SIX MOST IMPORTANT PROFESSIONAL/BUSINESS LIST

1
2
3
4
5
6

SIX MOST IMPORTANT PERSONAL LIST

1
2
3
4
5
6

DOCUMENT ANY INSPIRATION/AFFIRMATIONS/GRATITUDE FOR THE DAY

June 30 Friday

SIX MOST IMPORTANT PROFESSIONAL/BUSINESS LIST

1
2
3
4
5
6

SIX MOST IMPORTANT PERSONAL LIST

1
2
3
4
5
6

DOCUMENT ANY INSPIRATION/AFFIRMATIONS/GRATITUDE FOR THE DAY

"DO NOT BE PUSHED AROUND BY THE FEARS IN YOUR MIND. BE LED BY DREAMS IN YOUR HEART".

-Roy T. Bennet

2023
JULY

SUNDAY	MONDAY	TUESDAY	WEDNSDAY	THURSDAY	FRIDAY	SATURDAY
30	31					01
02	03	04	05	06	07	08
09	10	11	12	13	14	15
16	17	18	19	20	21	22
23	24	25	26	27	28	29

Main Goals for July 2023

PROFESSIONAL/BUSINESS

1
2
3
4
5
6
7

PERSONAL

1
2
3
4
5
6
7

FINANCIAL

1
2
3
4
5
6
7

July 1   Saturday

SIX MOST IMPORTANT PROFESSIONAL/BUSINESS LIST

1
2
3
4
5
6

SIX MOST IMPORTANT PERSONAL LIST

1
2
3
4
5
6

DOCUMENT ANY INSPIRATION/AFFIRMATIONS/GRATITUDE FOR THE DAY

July 2   Sunday

SIX MOST IMPORTANT PROFESSIONAL/BUSINESS LIST

1
2
3
4
5
6

SIX MOST IMPORTANT PERSONAL LIST

1
2
3
4
5
6

DOCUMENT ANY INSPIRATION/AFFIRMATIONS/GRATITUDE FOR THE DAY

July 3   Monday

SIX MOST IMPORTANT PROFESSIONAL/BUSINESS LIST

1
2
3
4
5
6

SIX MOST IMPORTANT PERSONAL LIST

1
2
3
4
5
6

DOCUMENT ANY INSPIRATION/AFFIRMATIONS/GRATITUDE FOR THE DAY

July 4   Tuesday

SIX MOST IMPORTANT PROFESSIONAL/BUSINESS LIST

1
2
3
4
5
6

SIX MOST IMPORTANT PERSONAL LIST

1
2
3
4
5
6

DOCUMENT ANY INSPIRATION/AFFIRMATIONS/GRATITUDE FOR THE DAY

July 5   Wednesday

SIX MOST IMPORTANT PROFESSIONAL/BUSINESS LIST

1
2
3
4
5
6

SIX MOST IMPORTANT PERSONAL LIST

1
2
3
4
5
6

DOCUMENT ANY INSPIRATION/AFFIRMATIONS/GRATITUDE FOR THE DAY

July 6   Thursday

SIX MOST IMPORTANT PROFESSIONAL/BUSINESS LIST

1
2
3
4
5
6

SIX MOST IMPORTANT PERSONAL LIST

1
2
3
4
5
6

DOCUMENT ANY INSPIRATION/AFFIRMATIONS/GRATITUDE FOR THE DAY

July 7   Friday

SIX MOST IMPORTANT PROFESSIONAL/BUSINESS LIST

1
2
3
4
5
6

SIX MOST IMPORTANT PERSONAL LIST

1
2
3
4
5
6

DOCUMENT ANY INSPIRATION/AFFIRMATIONS/GRATITUDE FOR THE DAY

July 8   Saturday

SIX MOST IMPORTANT PROFESSIONAL/BUSINESS LIST

1
2
3
4
5
6

SIX MOST IMPORTANT PERSONAL LIST

1
2
3
4
5
6

DOCUMENT ANY INSPIRATION/AFFIRMATIONS/GRATITUDE FOR THE DAY

July 9   Sunday

SIX MOST IMPORTANT PROFESSIONAL/BUSINESS LIST

1
2
3
4
5
6

SIX MOST IMPORTANT PERSONAL LIST

1
2
3
4
5
6

DOCUMENT ANY INSPIRATION/AFFIRMATIONS/GRATITUDE FOR THE DAY

July 10 Monday

SIX MOST IMPORTANT PROFESSIONAL/BUSINESS LIST

1
2
3
4
5
6

SIX MOST IMPORTANT PERSONAL LIST

1
2
3
4
5
6

DOCUMENT ANY INSPIRATION/AFFIRMATIONS/GRATITUDE FOR THE DAY

July 11   Tuesday

SIX MOST IMPORTANT PROFESSIONAL/BUSINESS LIST

1
2
3
4
5
6

SIX MOST IMPORTANT PERSONAL LIST

1
2
3
4
5
6

DOCUMENT ANY INSPIRATION/AFFIRMATIONS/GRATITUDE FOR THE DAY

July 12   Wednesday

SIX MOST IMPORTANT PROFESSIONAL/BUSINESS LIST

1
2
3
4
5
6

SIX MOST IMPORTANT PERSONAL LIST

1
2
3
4
5
6

DOCUMENT ANY INSPIRATION/AFFIRMATIONS/GRATITUDE FOR THE DAY

July 13   Thursday

SIX MOST IMPORTANT PROFESSIONAL/BUSINESS LIST

1
2
3
4
5
6

SIX MOST IMPORTANT PERSONAL LIST

1
2
3
4
5
6

DOCUMENT ANY INSPIRATION/AFFIRMATIONS/GRATITUDE FOR THE DAY

July 14   Friday

SIX MOST IMPORTANT PROFESSIONAL/BUSINESS LIST

1
2
3
4
5
6

SIX MOST IMPORTANT PERSONAL LIST

1
2
3
4
5
6

DOCUMENT ANY INSPIRATION/AFFIRMATIONS/GRATITUDE FOR THE DAY

July 15 Saturday

SIX MOST IMPORTANT PROFESSIONAL/BUSINESS LIST

1
2
3
4
5
6

SIX MOST IMPORTANT PERSONAL LIST

1
2
3
4
5
6

DOCUMENT ANY INSPIRATION/AFFIRMATIONS/GRATITUDE FOR THE DAY

July 16   Sunday

SIX MOST IMPORTANT PROFESSIONAL/BUSINESS LIST

1
2
3
4
5
6

SIX MOST IMPORTANT PERSONAL LIST

1
2
3
4
5
6

DOCUMENT ANY INSPIRATION/AFFIRMATIONS/GRATITUDE FOR THE DAY

July 17   Monday

SIX MOST IMPORTANT PROFESSIONAL/BUSINESS LIST

1
2
3
4
5
6

SIX MOST IMPORTANT PERSONAL LIST

1
2
3
4
5
6

DOCUMENT ANY INSPIRATION/AFFIRMATIONS/GRATITUDE FOR THE DAY

July 18   Tuesday

SIX MOST IMPORTANT PROFESSIONAL/BUSINESS LIST

1
2
3
4
5
6

SIX MOST IMPORTANT PERSONAL LIST

1
2
3
4
5
6

DOCUMENT ANY INSPIRATION/AFFIRMATIONS/GRATITUDE FOR THE DAY

July 19   Wednesday

SIX MOST IMPORTANT PROFESSIONAL/BUSINESS LIST

1
2
3
4
5
6

SIX MOST IMPORTANT PERSONAL LIST

1
2
3
4
5
6

DOCUMENT ANY INSPIRATION/AFFIRMATIONS/GRATITUDE FOR THE DAY

July 20   Thursday

SIX MOST IMPORTANT PROFESSIONAL/BUSINESS LIST

1
2
3
4
5
6

SIX MOST IMPORTANT PERSONAL LIST

1
2
3
4
5
6

DOCUMENT ANY INSPIRATION/AFFIRMATIONS/GRATITUDE FOR THE DAY

July 21   Friday

SIX MOST IMPORTANT PROFESSIONAL/BUSINESS LIST

1
2
3
4
5
6

SIX MOST IMPORTANT PERSONAL LIST

1
2
3
4
5
6

DOCUMENT ANY INSPIRATION/AFFIRMATIONS/GRATITUDE FOR THE DAY

July 22   Saturday

SIX MOST IMPORTANT PROFESSIONAL/BUSINESS LIST

1
2
3
4
5
6

SIX MOST IMPORTANT PERSONAL LIST

1
2
3
4
5
6

DOCUMENT ANY INSPIRATION/AFFIRMATIONS/GRATITUDE FOR THE DAY

July 23   Sunday

SIX MOST IMPORTANT PROFESSIONAL/BUSINESS LIST

1
2
3
4
5
6

SIX MOST IMPORTANT PERSONAL LIST

1
2
3
4
5
6

DOCUMENT ANY INSPIRATION/AFFIRMATIONS/GRATITUDE FOR THE DAY

July 24   Monday

SIX MOST IMPORTANT PROFESSIONAL/BUSINESS LIST

1
2
3
4
5
6

SIX MOST IMPORTANT PERSONAL LIST

1
2
3
4
5
6

DOCUMENT ANY INSPIRATION/AFFIRMATIONS/GRATITUDE FOR THE DAY

July 25 Tuesday

SIX MOST IMPORTANT PROFESSIONAL/BUSINESS LIST

1
2
3
4
5
6

SIX MOST IMPORTANT PERSONAL LIST

1
2
3
4
5
6

DOCUMENT ANY INSPIRATION/AFFIRMATIONS/GRATITUDE FOR THE DAY

July 26   Wednesday

SIX MOST IMPORTANT PROFESSIONAL/BUSINESS LIST

1
2
3
4
5
6

SIX MOST IMPORTANT PERSONAL LIST

1
2
3
4
5
6

DOCUMENT ANY INSPIRATION/AFFIRMATIONS/GRATITUDE FOR THE DAY

July 27   Thursday

SIX MOST IMPORTANT PROFESSIONAL/BUSINESS LIST

1
2
3
4
5
6

SIX MOST IMPORTANT PERSONAL LIST

1
2
3
4
5
6

DOCUMENT ANY INSPIRATION/AFFIRMATIONS/GRATITUDE FOR THE DAY

July 28 Friday

SIX MOST IMPORTANT PROFESSIONAL/BUSINESS LIST

1
2
3
4
5
6

SIX MOST IMPORTANT PERSONAL LIST

1
2
3
4
5
6

DOCUMENT ANY INSPIRATION/AFFIRMATIONS/GRATITUDE FOR THE DAY

July 29   Saturday

SIX MOST IMPORTANT PROFESSIONAL/BUSINESS LIST

1
2
3
4
5
6

SIX MOST IMPORTANT PERSONAL LIST

1
2
3
4
5
6

DOCUMENT ANY INSPIRATION/AFFIRMATIONS/GRATITUDE FOR THE DAY

July 30 Sunday

SIX MOST IMPORTANT PROFESSIONAL/BUSINESS LIST

1
2
3
4
5
6

SIX MOST IMPORTANT PERSONAL LIST

1
2
3
4
5
6

DOCUMENT ANY INSPIRATION/AFFIRMATIONS/GRATITUDE FOR THE DAY

July 31   Monday

SIX MOST IMPORTANT PROFESSIONAL/BUSINESS LIST

1
2
3
4
5
6

SIX MOST IMPORTANT PERSONAL LIST

1
2
3
4
5
6

DOCUMENT ANY INSPIRATION/AFFIRMATIONS/GRATITUDE FOR THE DAY

> "Some people want it to happen, some wish it would happen, some make it happen, others make it happen".
> *–Michael Jordan*

2023
AUGUST

SUNDAY	MONDAY	TUESDAY	WEDNSDAY	THURSDAY	FRIDAY	SATURDAY
		01	02	03	04	05
06	07	08	09	10	11	12
13	14	15	16	17	18	19
20	21	22	23	24	25	26
27	28	29	30	31		

Main Goals for August 2023

PROFESSIONAL/BUSINESS

1
2
3
4
5
6
7

PERSONAL

1
2
3
4
5
6
7

FINANCIAL

1
2
3
4
5
6
7

August 1   Tuesday

SIX MOST IMPORTANT PROFESSIONAL/BUSINESS LIST

1
2
3
4
5
6

SIX MOST IMPORTANT PERSONAL LIST

1
2
3
4
5
6

DOCUMENT ANY INSPIRATION/AFFIRMATIONS/GRATITUDE FOR THE DAY

August 2   Wednesday

SIX MOST IMPORTANT PROFESSIONAL/BUSINESS LIST

1
2
3
4
5
6

SIX MOST IMPORTANT PERSONAL LIST

1
2
3
4
5
6

DOCUMENT ANY INSPIRATION/AFFIRMATIONS/GRATITUDE FOR THE DAY

August 3   Thursday

SIX MOST IMPORTANT PROFESSIONAL/BUSINESS LIST

1
2
3
4
5
6

SIX MOST IMPORTANT PERSONAL LIST

1
2
3
4
5
6

DOCUMENT ANY INSPIRATION/AFFIRMATIONS/GRATITUDE FOR THE DAY

August 4   Friday

SIX MOST IMPORTANT PROFESSIONAL/BUSINESS LIST

1
2
3
4
5
6

SIX MOST IMPORTANT PERSONAL LIST

1
2
3
4
5
6

DOCUMENT ANY INSPIRATION/AFFIRMATIONS/GRATITUDE FOR THE DAY

August 5   Saturday

1
2
3
4
5
6

1
2
3
4
5
6

DOCUMENT ANY INSPIRATION/AFFIRMATIONS/GRATITUDE FOR THE DAY

August 6   Sunday

SIX MOST IMPORTANT PROFESSIONAL/BUSINESS LIST

1
2
3
4
5
6

SIX MOST IMPORTANT PERSONAL LIST

1
2
3
4
5
6

DOCUMENT ANY INSPIRATION/AFFIRMATIONS/GRATITUDE FOR THE DAY

August 7   Monday

SIX MOST IMPORTANT PROFESSIONAL/BUSINESS LIST

1
2
3
4
5
6

SIX MOST IMPORTANT PERSONAL LIST

1
2
3
4
5
6

DOCUMENT ANY INSPIRATION/AFFIRMATIONS/GRATITUDE FOR THE DAY

August 8   Tuesday

SIX MOST IMPORTANT PROFESSIONAL/BUSINESS LIST

1
2
3
4
5
6

SIX MOST IMPORTANT PERSONAL LIST

1
2
3
4
5
6

DOCUMENT ANY INSPIRATION/AFFIRMATIONS/GRATITUDE FOR THE DAY

August 9   Wednesday

SIX MOST IMPORTANT PROFESSIONAL/BUSINESS LIST

1
2
3
4
5
6

SIX MOST IMPORTANT PERSONAL LIST

1
2
3
4
5
6

DOCUMENT ANY INSPIRATION/AFFIRMATIONS/GRATITUDE FOR THE DAY

August 10 Thursday

SIX MOST IMPORTANT PROFESSIONAL/BUSINESS LIST

1
2
3
4
5
6

SIX MOST IMPORTANT PERSONAL LIST

1
2
3
4
5
6

DOCUMENT ANY INSPIRATION/AFFIRMATIONS/GRATITUDE FOR THE DAY

August 11   Friday

SIX MOST IMPORTANT PROFESSIONAL/BUSINESS LIST

1
2
3
4
5
6

SIX MOST IMPORTANT PERSONAL LIST

1
2
3
4
5
6

DOCUMENT ANY INSPIRATION/AFFIRMATIONS/GRATITUDE FOR THE DAY

August 12 Saturday

SIX MOST IMPORTANT PROFESSIONAL/BUSINESS LIST

1
2
3
4
5
6

SIX MOST IMPORTANT PERSONAL LIST

1
2
3
4
5
6

DOCUMENT ANY INSPIRATION/AFFIRMATIONS/GRATITUDE FOR THE DAY

August 13 Sunday

SIX MOST IMPORTANT PROFESSIONAL/BUSINESS LIST

1
2
3
4
5
6

SIX MOST IMPORTANT PERSONAL LIST

1
2
3
4
5
6

DOCUMENT ANY INSPIRATION/AFFIRMATIONS/GRATITUDE FOR THE DAY

August 14 Monday

SIX MOST IMPORTANT PROFESSIONAL/BUSINESS LIST

1
2
3
4
5
6

SIX MOST IMPORTANT PERSONAL LIST

1
2
3
4
5
6

DOCUMENT ANY INSPIRATION/AFFIRMATIONS/GRATITUDE FOR THE DAY

August 15 Tuesday

SIX MOST IMPORTANT PROFESSIONAL/BUSINESS LIST

1
2
3
4
5
6

SIX MOST IMPORTANT PERSONAL LIST

1
2
3
4
5
6

DOCUMENT ANY INSPIRATION/AFFIRMATIONS/GRATITUDE FOR THE DAY

August 16 Wednesday

SIX MOST IMPORTANT PROFESSIONAL/BUSINESS LIST

1
2
3
4
5
6

SIX MOST IMPORTANT PERSONAL LIST

1
2
3
4
5
6

DOCUMENT ANY INSPIRATION/AFFIRMATIONS/GRATITUDE FOR THE DAY

August 17   Thursday

SIX MOST IMPORTANT PROFESSIONAL/BUSINESS LIST

1
2
3
4
5
6

SIX MOST IMPORTANT PERSONAL LIST

1
2
3
4
5
6

DOCUMENT ANY INSPIRATION/AFFIRMATIONS/GRATITUDE FOR THE DAY

August 18 Friday

1
2
3
4
5
6

SIX MOST IMPORTANT PERSONAL LIST

1
2
3
4
5
6

DOCUMENT ANY INSPIRATION/AFFIRMATIONS/GRATITUDE FOR THE DAY

August 19 Saturday

SIX MOST IMPORTANT PROFESSIONAL/BUSINESS LIST

1
2
3
4
5
6

SIX MOST IMPORTANT PERSONAL LIST

1
2
3
4
5
6

DOCUMENT ANY INSPIRATION/AFFIRMATIONS/GRATITUDE FOR THE DAY

August 20 Sunday

SIX MOST IMPORTANT PROFESSIONAL/BUSINESS LIST

1
2
3
4
5
6

SIX MOST IMPORTANT PERSONAL LIST

1
2
3
4
5
6

DOCUMENT ANY INSPIRATION/AFFIRMATIONS/GRATITUDE FOR THE DAY

August 21 Monday

SIX MOST IMPORTANT PROFESSIONAL/BUSINESS LIST

1
2
3
4
5
6

SIX MOST IMPORTANT PERSONAL LIST

1
2
3
4
5
6

DOCUMENT ANY INSPIRATION/AFFIRMATIONS/GRATITUDE FOR THE DAY

August 22 Tuesday

SIX MOST IMPORTANT PROFESSIONAL/BUSINESS LIST

1
2
3
4
5
6

SIX MOST IMPORTANT PERSONAL LIST

1
2
3
4
5
6

DOCUMENT ANY INSPIRATION/AFFIRMATIONS/GRATITUDE FOR THE DAY

August 23 Wednesday

SIX MOST IMPORTANT PROFESSIONAL/BUSINESS LIST

1
2
3
4
5
6

SIX MOST IMPORTANT PERSONAL LIST

1
2
3
4
5
6

DOCUMENT ANY INSPIRATION/AFFIRMATIONS/GRATITUDE FOR THE DAY

August 24 Thursday

SIX MOST IMPORTANT PROFESSIONAL/BUSINESS LIST

1
2
3
4
5
6

SIX MOST IMPORTANT PERSONAL LIST

1
2
3
4
5
6

DOCUMENT ANY INSPIRATION/AFFIRMATIONS/GRATITUDE FOR THE DAY

August 25 Friday

SIX MOST IMPORTANT PROFESSIONAL/BUSINESS LIST

1
2
3
4
5
6

SIX MOST IMPORTANT PERSONAL LIST

1
2
3
4
5
6

DOCUMENT ANY INSPIRATION/AFFIRMATIONS/GRATITUDE FOR THE DAY

August 26 Saturday

SIX MOST IMPORTANT PROFESSIONAL/BUSINESS LIST

1
2
3
4
5
6

SIX MOST IMPORTANT PERSONAL LIST

1
2
3
4
5
6

DOCUMENT ANY INSPIRATION/AFFIRMATIONS/GRATITUDE FOR THE DAY

August 27 Sunday

SIX MOST IMPORTANT PROFESSIONAL/BUSINESS LIST

1
2
3
4
5
6

SIX MOST IMPORTANT PERSONAL LIST

1
2
3
4
5
6

DOCUMENT ANY INSPIRATION/AFFIRMATIONS/GRATITUDE FOR THE DAY

August 28 Monday

SIX MOST IMPORTANT PROFESSIONAL/BUSINESS LIST

1
2
3
4
5
6

SIX MOST IMPORTANT PERSONAL LIST

1
2
3
4
5
6

DOCUMENT ANY INSPIRATION/AFFIRMATIONS/GRATITUDE FOR THE DAY

August 29 Tuesday

SIX MOST IMPORTANT PROFESSIONAL/BUSINESS LIST

1
2
3
4
5
6

SIX MOST IMPORTANT PERSONAL LIST

1
2
3
4
5
6

DOCUMENT ANY INSPIRATION/AFFIRMATIONS/GRATITUDE FOR THE DAY

August 30 Wednesday

SIX MOST IMPORTANT PROFESSIONAL/BUSINESS LIST

1
2
3
4
5
6

SIX MOST IMPORTANT PERSONAL LIST

1
2
3
4
5
6

DOCUMENT ANY INSPIRATION/AFFIRMATIONS/GRATITUDE FOR THE DAY

August 31 Thursday

SIX MOST IMPORTANT PROFESSIONAL/BUSINESS LIST

1
2
3
4
5
6

SIX MOST IMPORTANT PERSONAL LIST

1
2
3
4
5
6

DOCUMENT ANY INSPIRATION/AFFIRMATIONS/GRATITUDE FOR THE DAY

2023
SEPTEMBER

SUNDAY	MONDAY	TUESDAY	WEDNSDAY	THURSDAY	FRIDAY	SATURDAY
					01	02
03	04	05	06	07	08	09
10	11	12	13	14	15	16
17	18	19	20	21	22	23
24	25	26	27	28	29	30

Main Goals for September 2023

PROFESSIONAL/BUSINESS

1
2
3
4
5
6
7

PERSONAL

1
2
3
4
5
6
7

FINANCIAL

1
2
3
4
5
6
7

September 1   Friday

SIX MOST IMPORTANT PROFESSIONAL/BUSINESS LIST

1
2
3
4
5
6

SIX MOST IMPORTANT PERSONAL LIST

1
2
3
4
5
6

DOCUMENT ANY INSPIRATION/AFFIRMATIONS/GRATITUDE FOR THE DAY

September 2   Saturday

SIX MOST IMPORTANT PROFESSIONAL/BUSINESS LIST

1
2
3
4
5
6

SIX MOST IMPORTANT PERSONAL LIST

1
2
3
4
5
6

DOCUMENT ANY INSPIRATION/AFFIRMATIONS/GRATITUDE FOR THE DAY

September 3   Sunday

SIX MOST IMPORTANT PROFESSIONAL/BUSINESS LIST

1
2
3
4
5
6

SIX MOST IMPORTANT PERSONAL LIST

1
2
3
4
5
6

DOCUMENT ANY INSPIRATION/AFFIRMATIONS/GRATITUDE FOR THE DAY

September 4   Monday

SIX MOST IMPORTANT PROFESSIONAL/BUSINESS LIST

1
2
3
4
5
6

SIX MOST IMPORTANT PERSONAL LIST

1
2
3
4
5
6

DOCUMENT ANY INSPIRATION/AFFIRMATIONS/GRATITUDE FOR THE DAY

September 5   Tuesday

SIX MOST IMPORTANT PROFESSIONAL/BUSINESS LIST

1
2
3
4
5
6

SIX MOST IMPORTANT PERSONAL LIST

1
2
3
4
5
6

DOCUMENT ANY INSPIRATION/AFFIRMATIONS/GRATITUDE FOR THE DAY

September 6 Wednesday

SIX MOST IMPORTANT PROFESSIONAL/BUSINESS LIST

1
2
3
4
5
6

SIX MOST IMPORTANT PERSONAL LIST

1
2
3
4
5
6

DOCUMENT ANY INSPIRATION/AFFIRMATIONS/GRATITUDE FOR THE DAY

September 7   Thursday

SIX MOST IMPORTANT PROFESSIONAL/BUSINESS LIST

1
2
3
4
5
6

SIX MOST IMPORTANT PERSONAL LIST

1
2
3
4
5
6

DOCUMENT ANY INSPIRATION/AFFIRMATIONS/GRATITUDE FOR THE DAY

September 8   Friday

SIX MOST IMPORTANT PROFESSIONAL/BUSINESS LIST

1
2
3
4
5
6

SIX MOST IMPORTANT PERSONAL LIST

1
2
3
4
5
6

DOCUMENT ANY INSPIRATION/AFFIRMATIONS/GRATITUDE FOR THE DAY

September 9   Saturday

SIX MOST IMPORTANT PROFESSIONAL/BUSINESS LIST

1
2
3
4
5
6

SIX MOST IMPORTANT PERSONAL LIST

1
2
3
4
5
6

DOCUMENT ANY INSPIRATION/AFFIRMATIONS/GRATITUDE FOR THE DAY

September 10 Sunday

SIX MOST IMPORTANT PROFESSIONAL/BUSINESS LIST

1
2
3
4
5
6

SIX MOST IMPORTANT PERSONAL LIST

1
2
3
4
5
6

DOCUMENT ANY INSPIRATION/AFFIRMATIONS/GRATITUDE FOR THE DAY

September 11   Monday

SIX MOST IMPORTANT PROFESSIONAL/BUSINESS LIST

1
2
3
4
5
6

SIX MOST IMPORTANT PERSONAL LIST

1
2
3
4
5
6

DOCUMENT ANY INSPIRATION/AFFIRMATIONS/GRATITUDE FOR THE DAY

September 12 Tuesday

SIX MOST IMPORTANT PROFESSIONAL/BUSINESS LIST

1
2
3
4
5
6

SIX MOST IMPORTANT PERSONAL LIST

1
2
3
4
5
6

DOCUMENT ANY INSPIRATION/AFFIRMATIONS/GRATITUDE FOR THE DAY

September 13 Wednesday

SIX MOST IMPORTANT PROFESSIONAL/BUSINESS LIST

1
2
3
4
5
6

SIX MOST IMPORTANT PERSONAL LIST

1
2
3
4
5
6

DOCUMENT ANY INSPIRATION/AFFIRMATIONS/GRATITUDE FOR THE DAY

September 14 Thursday

SIX MOST IMPORTANT PROFESSIONAL/BUSINESS LIST

1
2
3
4
5
6

SIX MOST IMPORTANT PERSONAL LIST

1
2
3
4
5
6

DOCUMENT ANY INSPIRATION/AFFIRMATIONS/GRATITUDE FOR THE DAY

September 15 Friday

SIX MOST IMPORTANT PROFESSIONAL/BUSINESS LIST

1
2
3
4
5
6

SIX MOST IMPORTANT PERSONAL LIST

1
2
3
4
5
6

DOCUMENT ANY INSPIRATION/AFFIRMATIONS/GRATITUDE FOR THE DAY

September 16 Saturday

SIX MOST IMPORTANT PROFESSIONAL/BUSINESS LIST

1
2
3
4
5
6

SIX MOST IMPORTANT PERSONAL LIST

1
2
3
4
5
6

DOCUMENT ANY INSPIRATION/AFFIRMATIONS/GRATITUDE FOR THE DAY

September 17 Sunday

SIX MOST IMPORTANT PROFESSIONAL/BUSINESS LIST

1
2
3
4
5
6

SIX MOST IMPORTANT PERSONAL LIST

1
2
3
4
5
6

DOCUMENT ANY INSPIRATION/AFFIRMATIONS/GRATITUDE FOR THE DAY

September 18 Monday

SIX MOST IMPORTANT PROFESSIONAL/BUSINESS LIST

1
2
3
4
5
6

SIX MOST IMPORTANT ·PERSONAL LIST

1
2
3
4
5
6

DOCUMENT ANY INSPIRATION/AFFIRMATIONS/GRATITUDE FOR THE DAY

September 19 Tuesday

SIX MOST IMPORTANT PROFESSIONAL/BUSINESS LIST

1
2
3
4
5
6

SIX MOST IMPORTANT PERSONAL LIST

1
2
3
4
5
6

DOCUMENT ANY INSPIRATION/AFFIRMATIONS/GRATITUDE FOR THE DAY

September 20 Wednesday

SIX MOST IMPORTANT PROFESSIONAL/BUSINESS LIST

1
2
3
4
5
6

SIX MOST IMPORTANT PERSONAL LIST

1
2
3
4
5
6

DOCUMENT ANY INSPIRATION/AFFIRMATIONS/GRATITUDE FOR THE DAY

September 21 Thursday

SIX MOST IMPORTANT PROFESSIONAL/BUSINESS LIST

1
2
3
4
5
6

SIX MOST IMPORTANT PERSONAL LIST

1
2
3
4
5
6

DOCUMENT ANY INSPIRATION/AFFIRMATIONS/GRATITUDE FOR THE DAY

September 22 Friday

SIX MOST IMPORTANT PROFESSIONAL/BUSINESS LIST

1
2
3
4
5
6

SIX MOST IMPORTANT PERSONAL LIST

1
2
3
4
5
6

DOCUMENT ANY INSPIRATION/AFFIRMATIONS/GRATITUDE FOR THE DAY

September 23 Saturday

SIX MOST IMPORTANT PROFESSIONAL/BUSINESS LIST

1
2
3
4
5
6

SIX MOST IMPORTANT PERSONAL LIST

1
2
3
4
5
6

DOCUMENT ANY INSPIRATION/AFFIRMATIONS/GRATITUDE FOR THE DAY

September 24 Sunday

SIX MOST IMPORTANT PROFESSIONAL/BUSINESS LIST

1
2
3
4
5
6

SIX MOST IMPORTANT PERSONAL LIST

1
2
3
4
5
6

DOCUMENT ANY INSPIRATION/AFFIRMATIONS/GRATITUDE FOR THE DAY

September 25 Monday

SIX MOST IMPORTANT PROFESSIONAL/BUSINESS LIST

1
2
3
4
5
6

SIX MOST IMPORTANT PERSONAL LIST

1
2
3
4
5
6

DOCUMENT ANY INSPIRATION/AFFIRMATIONS/GRATITUDE FOR THE DAY

September 26 Tuesday

SIX MOST IMPORTANT PROFESSIONAL/BUSINESS LIST

1

2

3

4

5

6

SIX MOST IMPORTANT PERSONAL LIST

1

2

3

4

5

6

DOCUMENT ANY INSPIRATION/AFFIRMATIONS/GRATITUDE FOR THE DAY

September 27 Wednesday

SIX MOST IMPORTANT PROFESSIONAL/BUSINESS LIST

1
2
3
4
5
6

SIX MOST IMPORTANT PERSONAL LIST

1
2
3
4
5
6

DOCUMENT ANY INSPIRATION/AFFIRMATIONS/GRATITUDE FOR THE DAY

September 28 Thursday

SIX MOST IMPORTANT PROFESSIONAL/BUSINESS LIST

1
2
3
4
5
6

SIX MOST IMPORTANT PERSONAL LIST

1
2
3
4
5
6

DOCUMENT ANY INSPIRATION/AFFIRMATIONS/GRATITUDE FOR THE DAY

September 29 Friday

SIX MOST IMPORTANT PROFESSIONAL/BUSINESS LIST

1
2
3
4
5
6

SIX MOST IMPORTANT PERSONAL LIST

1
2
3
4
5
6

DOCUMENT ANY INSPIRATION/AFFIRMATIONS/GRATITUDE FOR THE DAY

September 30 Saturday

SIX MOST IMPORTANT PROFESSIONAL/BUSINESS LIST

1
2
3
4
5
6

SIX MOST IMPORTANT PERSONAL LIST

1
2
3
4
5
6

DOCUMENT ANY INSPIRATION/AFFIRMATIONS/GRATITUDE FOR THE DAY

"A GIRL SHOULD BE TWO THINGS. WHO AND WHAT SHE WANTS".
-Coco Channel

2023
OCTOBER

SUNDAY	MONDAY	TUESDAY	WEDNSDAY	THURSDAY	FRIDAY	SATURDAY
01	02	03	04	05	06	07
08	09	10	11	12	13	14
15	16	17	18	19	20	21
22	23	24	25	26	27	28
29	30	31				

Main Goals for October 2023

PROFESSIONAL/BUSINESS

1
2
3
4
5
6
7

PERSONAL

1
2
3
4
5
6
7

FINANCIAL

1
2
3
4
5
6
7

October 1 Sunday

SIX MOST IMPORTANT PROFESSIONAL/BUSINESS LIST

1
2
3
4
5
6

SIX MOST IMPORTANT PERSONAL LIST

1
2
3
4
5
6

DOCUMENT ANY INSPIRATION/AFFIRMATIONS/GRATITUDE FOR THE DAY

October 2 Monday

SIX MOST IMPORTANT PROFESSIONAL/BUSINESS LIST

1
2
3
4
5
6

SIX MOST IMPORTANT PERSONAL LIST

1
2
3
4
5
6

DOCUMENT ANY INSPIRATION/AFFIRMATIONS/GRATITUDE FOR THE DAY

October 3 Tuesday

SIX MOST IMPORTANT PROFESSIONAL/BUSINESS LIST

1
2
3
4
5
6

SIX MOST IMPORTANT PERSONAL LIST

1
2
3
4
5
6

DOCUMENT ANY INSPIRATION/AFFIRMATIONS/GRATITUDE FOR THE DAY

October 4   Wednesday

SIX MOST IMPORTANT PROFESSIONAL/BUSINESS LIST

1
2
3
4
5
6

SIX MOST IMPORTANT PERSONAL LIST

1
2
3
4
5
6

DOCUMENT ANY INSPIRATION/AFFIRMATIONS/GRATITUDE FOR THE DAY

October 5   Thursday

SIX MOST IMPORTANT PROFESSIONAL/BUSINESS LIST

1
2
3
4
5
6

SIX MOST IMPORTANT PERSONAL LIST

1
2
3
4
5
6

DOCUMENT ANY INSPIRATION/AFFIRMATIONS/GRATITUDE FOR THE DAY

October 6   Friday

SIX MOST IMPORTANT PROFESSIONAL/BUSINESS LIST

1
2
3
4
5
6

SIX MOST IMPORTANT PERSONAL LIST

1
2
3
4
5
6

DOCUMENT ANY INSPIRATION/AFFIRMATIONS/GRATITUDE FOR THE DAY

October 7   Saturday

SIX MOST IMPORTANT PROFESSIONAL/BUSINESS LIST

1
2
3
4
5
6

SIX MOST IMPORTANT PERSONAL LIST

1
2
3
4
5
6

DOCUMENT ANY INSPIRATION/AFFIRMATIONS/GRATITUDE FOR THE DAY

October 8 Sunday

SIX MOST IMPORTANT PROFESSIONAL/BUSINESS LIST

1
2
3
4
5
6

SIX MOST IMPORTANT PERSONAL LIST

1
2
3
4
5
6

DOCUMENT ANY INSPIRATION/AFFIRMATIONS/GRATITUDE FOR THE DAY

October 9   Monday

SIX MOST IMPORTANT PROFESSIONAL/BUSINESS LIST

1
2
3
4
5
6

SIX MOST IMPORTANT PERSONAL LIST

1
2
3
4
5
6

DOCUMENT ANY INSPIRATION/AFFIRMATIONS/GRATITUDE FOR THE DAY

October 10 Tuesday

SIX MOST IMPORTANT PROFESSIONAL/BUSINESS LIST

1
2
3
4
5
6

SIX MOST IMPORTANT PERSONAL LIST

1
2
3
4
5
6

DOCUMENT ANY INSPIRATION/AFFIRMATIONS/GRATITUDE FOR THE DAY

October 11   Wednesday

SIX MOST IMPORTANT PROFESSIONAL/BUSINESS LIST

1
2
3
4
5
6

SIX MOST IMPORTANT PERSONAL LIST

1
2
3
4
5
6

DOCUMENT ANY INSPIRATION/AFFIRMATIONS/GRATITUDE FOR THE DAY

October 12 Thursday

SIX MOST IMPORTANT PROFESSIONAL/BUSINESS LIST

1
2
3
4
5
6

SIX MOST IMPORTANT PERSONAL LIST

1
2
3
4
5
6

DOCUMENT ANY INSPIRATION/AFFIRMATIONS/GRATITUDE FOR THE DAY

October 13 Friday

SIX MOST IMPORTANT PROFESSIONAL/BUSINESS LIST

1
2
3
4
5
6

SIX MOST IMPORTANT PERSONAL LIST

1
2
3
4
5
6

DOCUMENT ANY INSPIRATION/AFFIRMATIONS/GRATITUDE FOR THE DAY

October 14 Saturday

SIX MOST IMPORTANT PROFESSIONAL/BUSINESS LIST

1
2
3
4
5
6

SIX MOST IMPORTANT PERSONAL LIST

1
2
3
4
5
6

DOCUMENT ANY INSPIRATION/AFFIRMATIONS/GRATITUDE FOR THE DAY

October 15 Sunday

SIX MOST IMPORTANT PROFESSIONAL/BUSINESS LIST

1
2
3
4
5
6

SIX MOST IMPORTANT PERSONAL LIST

1
2
3
4
5
6

DOCUMENT ANY INSPIRATION/AFFIRMATIONS/GRATITUDE FOR THE DAY

October 16 Monday

SIX MOST IMPORTANT PROFESSIONAL/BUSINESS LIST

1
2
3
4
5
6

SIX MOST IMPORTANT PERSONAL LIST

1
2
3
4
5
6

DOCUMENT ANY INSPIRATION/AFFIRMATIONS/GRATITUDE FOR THE DAY

October 17 Tuesday

SIX MOST IMPORTANT PROFESSIONAL/BUSINESS LIST

1
2
3
4
5
6

SIX MOST IMPORTANT PERSONAL LIST

1
2
3
4
5
6

DOCUMENT ANY INSPIRATION/AFFIRMATIONS/GRATITUDE FOR THE DAY

October 18 Wednesday

SIX MOST IMPORTANT PROFESSIONAL/BUSINESS LIST

1
2
3
4
5
6

SIX MOST IMPORTANT PERSONAL LIST

1
2
3
4
5
6

DOCUMENT ANY INSPIRATION/AFFIRMATIONS/GRATITUDE FOR THE DAY

October 19 Thursday

SIX MOST IMPORTANT PROFESSIONAL/BUSINESS LIST

1
2
3
4
5
6

SIX MOST IMPORTANT PERSONAL LIST

1
2
3
4
5
6

DOCUMENT ANY INSPIRATION/AFFIRMATIONS/GRATITUDE FOR THE DAY

October 20 Friday

SIX MOST IMPORTANT PROFESSIONAL/BUSINESS LIST

1
2
3
4
5
6

SIX MOST IMPORTANT PERSONAL LIST

1
2
3
4
5
6

DOCUMENT ANY INSPIRATION/AFFIRMATIONS/GRATITUDE FOR THE DAY

October 21 Saturday

SIX MOST IMPORTANT PROFESSIONAL/BUSINESS LIST

1
2
3
4
5
6

SIX MOST IMPORTANT PERSONAL LIST

1
2
3
4
5
6

DOCUMENT ANY INSPIRATION/AFFIRMATIONS/GRATITUDE FOR THE DAY

October 22 Sunday

SIX MOST IMPORTANT PROFESSIONAL/BUSINESS LIST

1
2
3
4
5
6

SIX MOST IMPORTANT PERSONAL LIST

1
2
3
4
5
6

DOCUMENT ANY INSPIRATION/AFFIRMATIONS/GRATITUDE FOR THE DAY

October 23 Monday

SIX MOST IMPORTANT PROFESSIONAL/BUSINESS LIST

1
2
3
4
5
6

SIX MOST IMPORTANT PERSONAL LIST

1
2
3
4
5
6

DOCUMENT ANY INSPIRATION/AFFIRMATIONS/GRATITUDE FOR THE DAY

October 24 Tuesday

SIX MOST IMPORTANT PROFESSIONAL/BUSINESS LIST

1
2
3
4
5
6

SIX MOST IMPORTANT PERSONAL LIST

1
2
3
4
5
6

DOCUMENT ANY INSPIRATION/AFFIRMATIONS/GRATITUDE FOR THE DAY

October 25 Wednesday

SIX MOST IMPORTANT PROFESSIONAL/BUSINESS LIST

1
2
3
4
5
6

SIX MOST IMPORTANT PERSONAL LIST

1
2
3
4
5
6

DOCUMENT ANY INSPIRATION/AFFIRMATIONS/GRATITUDE FOR THE DAY

October 26 Thursday

SIX MOST IMPORTANT PROFESSIONAL/BUSINESS LIST

1
2
3
4
5
6

SIX MOST IMPORTANT PERSONAL LIST

1
2
3
4
5
6

DOCUMENT ANY INSPIRATION/AFFIRMATIONS/GRATITUDE FOR THE DAY

October 27 Friday

SIX MOST IMPORTANT PROFESSIONAL/BUSINESS LIST

1
2
3
4
5
6

SIX MOST IMPORTANT PERSONAL LIST

1
2
3
4
5
6

DOCUMENT ANY INSPIRATION/AFFIRMATIONS/GRATITUDE FOR THE DAY

October 28 Saturday

SIX MOST IMPORTANT PROFESSIONAL/BUSINESS LIST

1
2
3
4
5
6

SIX MOST IMPORTANT PERSONAL LIST

1
2
3
4
5
6

DOCUMENT ANY INSPIRATION/AFFIRMATIONS/GRATITUDE FOR THE DAY

October 29 Sunday

SIX MOST IMPORTANT PROFESSIONAL/BUSINESS LIST

1
2
3
4
5
6

SIX MOST IMPORTANT PERSONAL LIST

1
2
3
4
5
6

DOCUMENT ANY INSPIRATION/AFFIRMATIONS/GRATITUDE FOR THE DAY

October 30 Monday

SIX MOST IMPORTANT PROFESSIONAL/BUSINESS LIST

1
2
3
4
5
6

SIX MOST IMPORTANT PERSONAL LIST

1
2
3
4
5
6

DOCUMENT ANY INSPIRATION/AFFIRMATIONS/GRATITUDE FOR THE DAY

October 31 Tuesday

SIX MOST IMPORTANT PROFESSIONAL/BUSINESS LIST

1
2
3
4
5
6

SIX MOST IMPORTANT PERSONAL LIST

1
2
3
4
5
6

DOCUMENT ANY INSPIRATION/AFFIRMATIONS/GRATITUDE FOR THE DAY

2023
NOVEMBER

SUNDAY	MONDAY	TUESDAY	WEDNSDAY	THURSDAY	FRIDAY	SATURDAY
		01	02	03	04	
05	06	07	08	09	10	11
12	13	14	15	16	17	18
19	20	21	22	23	24	25
26	27	28	29	30		

Main Goals for November 2023

PROFESSIONAL/BUSINESS

1
2
3
4
5
6
7

PERSONAL

1
2
3
4
5
6
7

FINANCIAL

1
2
3
4
5
6
7

November 1   Wednesday

SIX MOST IMPORTANT PROFESSIONAL/BUSINESS LIST

1
2
3
4
5
6

SIX MOST IMPORTANT PERSONAL LIST

1
2
3
4
5
6

DOCUMENT ANY INSPIRATION/AFFIRMATIONS/GRATITUDE FOR THE DAY

November 2 Thursday

SIX MOST IMPORTANT PROFESSIONAL/BUSINESS LIST

1
2
3
4
5
6

SIX MOST IMPORTANT PERSONAL LIST

1
2
3
4
5
6

DOCUMENT ANY INSPIRATION/AFFIRMATIONS/GRATITUDE FOR THE DAY

November 3   Friday

SIX MOST IMPORTANT PROFESSIONAL/BUSINESS LIST

1
2
3
4
5
6

SIX MOST IMPORTANT PERSONAL LIST

1
2
3
4
5
6

DOCUMENT ANY INSPIRATION/AFFIRMATIONS/GRATITUDE FOR THE DAY

November 4   Saturday

SIX MOST IMPORTANT PROFESSIONAL/BUSINESS LIST

1
2
3
4
5
6

SIX MOST IMPORTANT PERSONAL LIST

1
2
3
4
5
6

DOCUMENT ANY INSPIRATION/AFFIRMATIONS/GRATITUDE FOR THE DAY

November 5   Sunday

SIX MOST IMPORTANT PROFESSIONAL/BUSINESS LIST

1
2
3
4
5
6

SIX MOST IMPORTANT PERSONAL LIST

1
2
3
4
5
6

DOCUMENT ANY INSPIRATION/AFFIRMATIONS/GRATITUDE FOR THE DAY

November 6   Monday

SIX MOST IMPORTANT PROFESSIONAL/BUSINESS LIST

1
2
3
4
5
6

SIX MOST IMPORTANT PERSONAL LIST

1
2
3
4
5
6

DOCUMENT ANY INSPIRATION/AFFIRMATIONS/GRATITUDE FOR THE DAY

November 7   Tuesday

SIX MOST IMPORTANT PROFESSIONAL/BUSINESS LIST

1
2
3
4
5
6

SIX MOST IMPORTANT PERSONAL LIST

1
2
3
4
5
6

DOCUMENT ANY INSPIRATION/AFFIRMATIONS/GRATITUDE FOR THE DAY

November 8   Wednesday

SIX MOST IMPORTANT PROFESSIONAL/BUSINESS LIST

1
2
3
4
5
6

SIX MOST IMPORTANT PERSONAL LIST

1
2
3
4
5
6

DOCUMENT ANY INSPIRATION/AFFIRMATIONS/GRATITUDE FOR THE DAY

November 9   Thursday

SIX MOST IMPORTANT PROFESSIONAL/BUSINESS LIST

1
2
3
4
5
6

SIX MOST IMPORTANT PERSONAL LIST

1
2
3
4
5
6

DOCUMENT ANY INSPIRATION/AFFIRMATIONS/GRATITUDE FOR THE DAY

November 10 Friday

SIX MOST IMPORTANT PROFESSIONAL/BUSINESS LIST

1
2
3
4
5
6

SIX MOST IMPORTANT PERSONAL LIST

1
2
3
4
5
6

DOCUMENT ANY INSPIRATION/AFFIRMATIONS/GRATITUDE FOR THE DAY

November 11 Saturday

1
2
3
4
5
6

SIX MOST IMPORTANT PERSONAL LIST

1
2
3
4
5
6

DOCUMENT ANY INSPIRATION/AFFIRMATIONS/GRATITUDE FOR THE DAY

November 12 Sunday

SIX MOST IMPORTANT PROFESSIONAL/BUSINESS LIST

1
2
3
4
5
6

SIX MOST IMPORTANT PERSONAL LIST

1
2
3
4
5
6

DOCUMENT ANY INSPIRATION/AFFIRMATIONS/GRATITUDE FOR THE DAY

November 13 Monday

SIX MOST IMPORTANT PROFESSIONAL/BUSINESS LIST

1
2
3
4
5
6

SIX MOST IMPORTANT PERSONAL LIST

1
2
3
4
5
6

DOCUMENT ANY INSPIRATION/AFFIRMATIONS/GRATITUDE FOR THE DAY

November 14 Tuesday

SIX MOST IMPORTANT PROFESSIONAL/BUSINESS LIST

1
2
3
4
5
6

SIX MOST IMPORTANT PERSONAL LIST

1
2
3
4
5
6

DOCUMENT ANY INSPIRATION/AFFIRMATIONS/GRATITUDE FOR THE DAY

November 15 Wednesday

SIX MOST IMPORTANT PROFESSIONAL/BUSINESS LIST

1
2
3
4
5
6

SIX MOST IMPORTANT PERSONAL LIST

1
2
3
4
5
6

DOCUMENT ANY INSPIRATION/AFFIRMATIONS/GRATITUDE FOR THE DAY

November 16 Thursday

SIX MOST IMPORTANT PROFESSIONAL/BUSINESS LIST

1
2
3
4
5
6

SIX MOST IMPORTANT PERSONAL LIST

1
2
3
4
5
6

DOCUMENT ANY INSPIRATION/AFFIRMATIONS/GRATITUDE FOR THE DAY

November 17 Friday

SIX MOST IMPORTANT PROFESSIONAL/BUSINESS LIST

1
2
3
4
5
6

SIX MOST IMPORTANT PERSONAL LIST

1
2
3
4
5
6

DOCUMENT ANY INSPIRATION/AFFIRMATIONS/GRATITUDE FOR THE DAY

November 18 Saturday

SIX MOST IMPORTANT PROFESSIONAL/BUSINESS LIST

1
2
3
4
5
6

SIX MOST IMPORTANT PERSONAL LIST

1
2
3
4
5
6

DOCUMENT ANY INSPIRATION/AFFIRMATIONS/GRATITUDE FOR THE DAY

November 19 Sunday

SIX MOST IMPORTANT PROFESSIONAL/BUSINESS LIST

1
2
3
4
5
6

SIX MOST IMPORTANT PERSONAL LIST

1
2
3
4
5
6

DOCUMENT ANY INSPIRATION/AFFIRMATIONS/GRATITUDE FOR THE DAY

November 20 Monday

1
2
3
4
5
6

SIX MOST IMPORTANT PERSONAL LIST

1
2
3
4
5
6

DOCUMENT ANY INSPIRATION/AFFIRMATIONS/GRATITUDE FOR THE DAY

November 21 Tuesday

SIX MOST IMPORTANT PROFESSIONAL/BUSINESS LIST

1
2
3
4
5
6

SIX MOST IMPORTANT PERSONAL LIST

1
2
3
4
5
6

DOCUMENT ANY INSPIRATION/AFFIRMATIONS/GRATITUDE FOR THE DAY

November 22 Wednesday

SIX MOST IMPORTANT PROFESSIONAL/BUSINESS LIST

1
2
3
4
5
6

SIX MOST IMPORTANT PERSONAL LIST

1
2
3
4
5
6

DOCUMENT ANY INSPIRATION/AFFIRMATIONS/GRATITUDE FOR THE DAY

November 23 Thursday

SIX MOST IMPORTANT PROFESSIONAL/BUSINESS LIST

1
2
3
4
5
6

SIX MOST IMPORTANT PERSONAL LIST

1
2
3
4
5
6

DOCUMENT ANY INSPIRATION/AFFIRMATIONS/GRATITUDE FOR THE DAY

November 24 Friday

SIX MOST IMPORTANT PROFESSIONAL/BUSINESS LIST

1
2
3
4
5
6

SIX MOST IMPORTANT PERSONAL LIST

1
2
3
4
5
6

DOCUMENT ANY INSPIRATION/AFFIRMATIONS/GRATITUDE FOR THE DAY

November 25 Saturday

SIX MOST IMPORTANT PROFESSIONAL/BUSINESS LIST

1
2
3
4
5
6

SIX MOST IMPORTANT PERSONAL LIST

1
2
3
4
5
6

DOCUMENT ANY INSPIRATION/AFFIRMATIONS/GRATITUDE FOR THE DAY

November 26 Sunday

SIX MOST IMPORTANT PROFESSIONAL/BUSINESS LIST

1
2
3
4
5
6

SIX MOST IMPORTANT PERSONAL LIST

1
2
3
4
5
6

DOCUMENT ANY INSPIRATION/AFFIRMATIONS/GRATITUDE FOR THE DAY

November 27 Monday

SIX MOST IMPORTANT PROFESSIONAL/BUSINESS LIST

1
2
3
4
5
6

SIX MOST IMPORTANT PERSONAL LIST

1
2
3
4
5
6

DOCUMENT ANY INSPIRATION/AFFIRMATIONS/GRATITUDE FOR THE DAY

November 28 Tuesday

SIX MOST IMPORTANT PROFESSIONAL/BUSINESS LIST

1
2
3
4
5
6

SIX MOST IMPORTANT PERSONAL LIST

1
2
3
4
5
6

DOCUMENT ANY INSPIRATION/AFFIRMATIONS/GRATITUDE FOR THE DAY

November 29 Wednesday

SIX MOST IMPORTANT PROFESSIONAL/BUSINESS LIST

1
2
3
4
5
6

SIX MOST IMPORTANT PERSONAL LIST

1
2
3
4
5
6

DOCUMENT ANY INSPIRATION/AFFIRMATIONS/GRATITUDE FOR THE DAY

November 30 Thursday

SIX MOST IMPORTANT PROFESSIONAL/BUSINESS LIST

1
2
3
4
5
6

SIX MOST IMPORTANT PERSONAL LIST

1
2
3
4
5
6

DOCUMENT ANY INSPIRATION/AFFIRMATIONS/GRATITUDE FOR THE DAY

> "Whatever you are, be a good one".
> *–Abraham Lincoln*

2023
DECEMBER

SUNDAY	MONDAY	TUESDAY	WEDNSDAY	THURSDAY	FRIDAY	SATURDAY
			01	02	03	04
05	06	07	08	09	10	11
12	13	14	15	16	17	18
19	20	21	22	23	24	25
26	27	28	29	30	31	

Main Goals for December 2023

PROFESSIONAL/BUSINESS

1
2
3
4
5
6
7

PERSONAL

1
2
3
4
5
6
7

FINANCIAL

1
2
3
4
5
6
7

December 1   Friday

SIX MOST IMPORTANT PROFESSIONAL/BUSINESS LIST

1
2
3
4
5
6

SIX MOST IMPORTANT PERSONAL LIST

1
2
3
4
5
6

DOCUMENT ANY INSPIRATION/AFFIRMATIONS/GRATITUDE FOR THE DAY

December 2   Saturday

SIX MOST IMPORTANT PROFESSIONAL/BUSINESS LIST

1
2
3
4
5
6

SIX MOST IMPORTANT PERSONAL LIST

1
2
3
4
5
6

DOCUMENT ANY INSPIRATION/AFFIRMATIONS/GRATITUDE FOR THE DAY

December 3   Sunday

SIX MOST IMPORTANT PROFESSIONAL/BUSINESS LIST

1
2
3
4
5
6

SIX MOST IMPORTANT PERSONAL LIST

1
2
3
4
5
6

DOCUMENT ANY INSPIRATION/AFFIRMATIONS/GRATITUDE FOR THE DAY

December 4   Monday

SIX MOST IMPORTANT PROFESSIONAL/BUSINESS LIST

1
2
3
4
5
6

SIX MOST IMPORTANT PERSONAL LIST

1
2
3
4
5
6

DOCUMENT ANY INSPIRATION/AFFIRMATIONS/GRATITUDE FOR THE DAY

December 5   Tuesday

SIX MOST IMPORTANT PROFESSIONAL/BUSINESS LIST

1
2
3
4
5
6

SIX MOST IMPORTANT PERSONAL LIST

1
2
3
4
5
6

DOCUMENT ANY INSPIRATION/AFFIRMATIONS/GRATITUDE FOR THE DAY

December 6   Wednesday

SIX MOST IMPORTANT PROFESSIONAL/BUSINESS LIST

1
2
3
4
5
6

SIX MOST IMPORTANT PERSONAL LIST

1
2
3
4
5
6

DOCUMENT ANY INSPIRATION/AFFIRMATIONS/GRATITUDE FOR THE DAY

December 7   Thursday

SIX MOST IMPORTANT PROFESSIONAL/BUSINESS LIST

1
2
3
4
5
6

SIX MOST IMPORTANT PERSONAL LIST

1
2
3
4
5
6

DOCUMENT ANY INSPIRATION/AFFIRMATIONS/GRATITUDE FOR THE DAY

December 8   Friday

SIX MOST IMPORTANT PROFESSIONAL/BUSINESS LIST

1
2
3
4
5
6

SIX MOST IMPORTANT PERSONAL LIST

1
2
3
4
5
6

DOCUMENT ANY INSPIRATION/AFFIRMATIONS/GRATITUDE FOR THE DAY

December 9   Saturday

SIX MOST IMPORTANT PROFESSIONAL/BUSINESS LIST

1
2
3
4
5
6

SIX MOST IMPORTANT PERSONAL LIST

1
2
3
4
5
6

DOCUMENT ANY INSPIRATION/AFFIRMATIONS/GRATITUDE FOR THE DAY

December 10 Sunday

SIX MOST IMPORTANT PROFESSIONAL/BUSINESS LIST

1
2
3
4
5
6

SIX MOST IMPORTANT PERSONAL LIST

1
2
3
4
5
6

DOCUMENT ANY INSPIRATION/AFFIRMATIONS/GRATITUDE FOR THE DAY

December 11   Monday

SIX MOST IMPORTANT PROFESSIONAL/BUSINESS LIST

1
2
3
4
5
6

SIX MOST IMPORTANT PERSONAL LIST

1
2
3
4
5
6

DOCUMENT ANY INSPIRATION/AFFIRMATIONS/GRATITUDE FOR THE DAY

December 12 Tuesday

SIX MOST IMPORTANT PROFESSIONAL/BUSINESS LIST

1
2
3
4
5
6

SIX MOST IMPORTANT PERSONAL LIST

1
2
3
4
5
6

DOCUMENT ANY INSPIRATION/AFFIRMATIONS/GRATITUDE FOR THE DAY

December 13 Wednesday

SIX MOST IMPORTANT PROFESSIONAL/BUSINESS LIST

1
2
3
4
5
6

SIX MOST IMPORTANT PERSONAL LIST

1
2
3
4
5
6

DOCUMENT ANY INSPIRATION/AFFIRMATIONS/GRATITUDE FOR THE DAY

December 14 Thursday

SIX MOST IMPORTANT PROFESSIONAL/BUSINESS LIST

1
2
3
4
5
6

SIX MOST IMPORTANT PERSONAL LIST

1
2
3
4
5
6

DOCUMENT ANY INSPIRATION/AFFIRMATIONS/GRATITUDE FOR THE DAY

December 15 Friday

SIX MOST IMPORTANT PROFESSIONAL/BUSINESS LIST

1
2
3
4
5
6

SIX MOST IMPORTANT PERSONAL LIST

1
2
3
4
5
6

DOCUMENT ANY INSPIRATION/AFFIRMATIONS/GRATITUDE FOR THE DAY

December 16 Saturday

SIX MOST IMPORTANT PROFESSIONAL/BUSINESS LIST

1
2
3
4
5
6

SIX MOST IMPORTANT PERSONAL LIST

1
2
3
4
5
6

DOCUMENT ANY INSPIRATION/AFFIRMATIONS/GRATITUDE FOR THE DAY

December 17 Sunday

SIX MOST IMPORTANT PROFESSIONAL/BUSINESS LIST

1
2
3
4
5
6

SIX MOST IMPORTANT PERSONAL LIST

1
2
3
4
5
6

DOCUMENT ANY INSPIRATION/AFFIRMATIONS/GRATITUDE FOR THE DAY

December 18 Monday

SIX MOST IMPORTANT PROFESSIONAL/BUSINESS LIST

1
2
3
4
5
6

SIX MOST IMPORTANT PERSONAL LIST

1
2
3
4
5
6

DOCUMENT ANY INSPIRATION/AFFIRMATIONS/GRATITUDE FOR THE DAY

December 19 Tuesday

SIX MOST IMPORTANT PROFESSIONAL/BUSINESS LIST

1
2
3
4
5
6

SIX MOST IMPORTANT PERSONAL LIST

1
2
3
4
5
6

DOCUMENT ANY INSPIRATION/AFFIRMATIONS/GRATITUDE FOR THE DAY

December 20 Wednesday

SIX MOST IMPORTANT PROFESSIONAL/BUSINESS LIST

1
2
3
4
5
6

SIX MOST IMPORTANT PERSONAL LIST

1
2
3
4
5
6

DOCUMENT ANY INSPIRATION/AFFIRMATIONS/GRATITUDE FOR THE DAY

December 21 Thursday

SIX MOST IMPORTANT PROFESSIONAL/BUSINESS LIST

1
2
3
4
5
6

SIX MOST IMPORTANT PERSONAL LIST

1
2
3
4
5
6

DOCUMENT ANY INSPIRATION/AFFIRMATIONS/GRATITUDE FOR THE DAY

December 22 Friday

SIX MOST IMPORTANT PROFESSIONAL/BUSINESS LIST

1
2
3
4
5
6

SIX MOST IMPORTANT PERSONAL LIST

1
2
3
4
5
6

DOCUMENT ANY INSPIRATION/AFFIRMATIONS/GRATITUDE FOR THE DAY

December 23 Saturday

SIX MOST IMPORTANT PROFESSIONAL/BUSINESS LIST

1
2
3
4
5
6

SIX MOST IMPORTANT PERSONAL LIST

1
2
3
4
5
6

DOCUMENT ANY INSPIRATION/AFFIRMATIONS/GRATITUDE FOR THE DAY

December 24 Sunday

SIX MOST IMPORTANT PROFESSIONAL/BUSINESS LIST

1
2
3
4
5
6

SIX MOST IMPORTANT PERSONAL LIST

1
2
3
4
5
6

DOCUMENT ANY INSPIRATION/AFFIRMATIONS/GRATITUDE FOR THE DAY

December 25 Monday

SIX MOST IMPORTANT PROFESSIONAL/BUSINESS LIST

1
2
3
4
5
6

SIX MOST IMPORTANT PERSONAL LIST

1
2
3
4
5
6

DOCUMENT ANY INSPIRATION/AFFIRMATIONS/GRATITUDE FOR THE DAY

December 26 Tuesday

SIX MOST IMPORTANT PROFESSIONAL/BUSINESS LIST

1
2
3
4
5
6

SIX MOST IMPORTANT PERSONAL LIST

1
2
3
4
5
6

DOCUMENT ANY INSPIRATION/AFFIRMATIONS/GRATITUDE FOR THE DAY

December 27 Wednesday

SIX MOST IMPORTANT PROFESSIONAL/BUSINESS LIST

1
2
3
4
5
6

SIX MOST IMPORTANT PERSONAL LIST

1
2
3
4
5
6

DOCUMENT ANY INSPIRATION/AFFIRMATIONS/GRATITUDE FOR THE DAY

December 28 Thursday

SIX MOST IMPORTANT PROFESSIONAL/BUSINESS LIST

1
2
3
4
5
6

SIX MOST IMPORTANT PERSONAL LIST

1
2
3
4
5
6

DOCUMENT ANY INSPIRATION/AFFIRMATIONS/GRATITUDE FOR THE DAY

December 29 Friday

SIX MOST IMPORTANT PROFESSIONAL/BUSINESS LIST

1
2
3
4
5
6

SIX MOST IMPORTANT PERSONAL LIST

1
2
3
4
5
6

DOCUMENT ANY INSPIRATION/AFFIRMATIONS/GRATITUDE FOR THE DAY

December 30 Saturday

SIX MOST IMPORTANT PROFESSIONAL/BUSINESS LIST

1
2
3
4
5
6

SIX MOST IMPORTANT PERSONAL LIST

1
2
3
4
5
6

DOCUMENT ANY INSPIRATION/AFFIRMATIONS/GRATITUDE FOR THE DAY

December 31 Sunday

SIX MOST IMPORTANT PROFESSIONAL/BUSINESS LIST

1

2

3

4

5

6

SIX MOST IMPORTANT PERSONAL LIST

1

2

3

4

5

6

DOCUMENT ANY INSPIRATION/AFFIRMATIONS/GRATITUDE FOR THE DAY

Made in the USA
Columbia, SC
15 February 2023

bc383584-2a93-46b7-8eed-a53b15efd8a5R01

Made in the USA
Columbia, SC
30 May 2025

58700019R00296